PATRIMÔNIO TURÍSTICO INTERNACIONAL

DIALÓGICA

O selo DIALÓGICA da Editora InterSaberes faz referência às publicações que privilegiam uma linguagem na qual o autor dialoga com o leitor por meio de recursos textuais e visuais, o que torna o conteúdo muito mais dinâmico. São livros que criam um ambiente de interação com o leitor – seu universo cultural, social e de elaboração de conhecimentos –, possibilitando um real processo de interlocução para que a comunicação se efetive.

PATRIMÔNIO TURÍSTICO INTERNACIONAL

Carlos Eduardo Silveira
Juliana Medaglia

1ª edição, 2015.
Foi feito o depósito legal.

Informamos que é de inteira responsabilidade dos autores a emissão de conceitos.

Nenhuma parte desta publicação poderá ser reproduzida por qualquer meio ou forma sem a prévia autorização da Editora InterSaberes.

A violação dos direitos autorais é crime estabelecido na Lei n. 9.610/1998 e punido pelo art. 184 do Código Penal.

Dados Internacionais de Catalogação na Publicação (CIP)
(Câmara Brasileira do Livro, SP, Brasil)

Silveira, Carlos Eduardo
Patrimônio turístico internacional/Carlos Eduardo Silveira, Juliana Medaglia. Curitiba: InterSaberes, 2015.

Bibliografia.
ISBN 978-85-443-0094-7

1. Cultura 2. Patrimônio cultural 3. Patrimônio cultural – Proteção 4. Patrimônio histórico 5. Patrimônio mundial 6. Preservação histórica I. Medaglia, Juliana. II. Título.

14-09332   CDD-363.69

Índice para catálogo sistemático:
1. Patrimônio turístico internacional 363.69

CONSELHO EDITORIAL Dr. Ivo José Both (presidente)
Dr.ª Elena Godoy
Dr. Nelson Luís Dias
Dr. Neri dos Santos
Dr. Ulf Gregor Baranow
EDITORA-CHEFE Lindsay Azambuja
SUPERVISORA EDITORIAL Ariadne Nunes Wenger
ANALISTA EDITORIAL Ariel Martins
CAPA E PROJETO GRÁFICO Laís Galvão dos Santos
IMAGENS DA CAPA Fotolia
DIAGRAMAÇÃO Estúdio Nótua

Rua Clara Vendramin, 58 • Mossunguê • CEP 81200-170
Curitiba • PR • Brasil • Fone (41) 2106-4170
www.intersaberes.com
editora@editoraintersaberes.com.br

····SUMÁRIO····

Dedicatória, 7
Agradecimentos, 9
Apresentação, 11
Como aproveitar ao máximo este livro, 14

CAPÍTULO 1 • HISTÓRIA E EVOLUÇÃO DO PATRIMÔNIO, 19

1.1 A Organização das Nações Unidas para a Educação, a Ciência e a Cultura e a consolidação do patrimônio mundial, 24
1.2 A proteção e o controle dos bens históricos, culturais e naturais mundiais e seus órgãos responsáveis, 27
1.3 Critérios do patrimônio mundial, 29

CAPÍTULO 2 • CONCEITOS BÁSICOS, 41

2.1 Situando o turismo em relação ao patrimônio, 43
2.2 Conceitos de patrimônio e classificação correlata, 50
2.3 Patrimônio turístico: definições e aplicação, 61

CAPÍTULO 3 • DIFERENÇAS CULTURAIS E DIVERSIDADE EXISTENTES NOS CONTINENTES, 69

3.1 Características gerais dos continentes, as sub-regiões turísticas e sua relação com o patrimônio, 77

CAPÍTULO 4 • CARACTERIZAÇÃO DO PATRIMÔNIO E SUA RELAÇÃO COM A ATIVIDADE TURÍSTICA MUNDIAL, 97

4.1 Exemplos de bens notoriamente ligados à atividade turística, 100

Para concluir..., 152
Referências, 159
Respostas, 164
Anexo 1, 168
Anexo 2, 189
Anexo 3, 194
Sobre os autores, 195

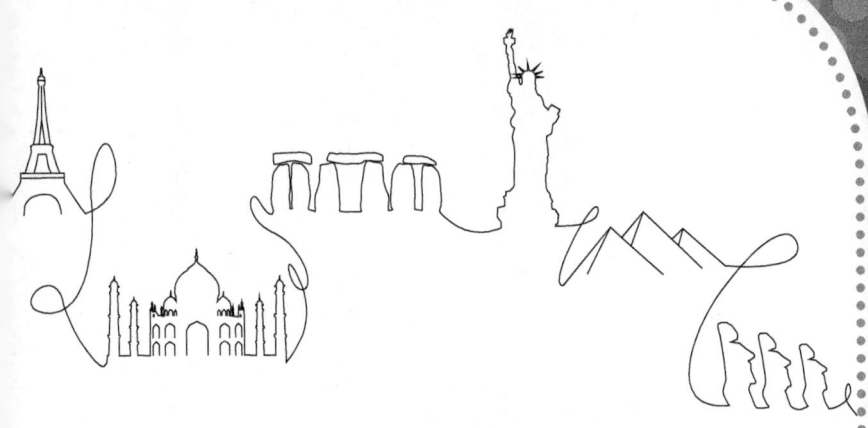

...DEDICATÓRIA...

A Joaquim e Frederico Medaglia Silveira.

·· AGRADECIMENTOS ··

Aos nossos alunos e ex-alunos, aos colegas e amigos de Santa Catarina, Paraná, Minas Gerais e São Paulo, que conquistamos atuando na educação e no turismo. Por eles e com eles nossa curiosidade e aprendizagem constantes.

Aos nossos familiares, por serem o motivo e o suporte de tudo.

CARLOS EDUARDO SILVEIRA / JULIANA MEDAGLIA

·· APRESENTAÇÃO ··

O estudo do patrimônio turístico internacional traz, em si, desafios relacionados aos três temas que abarca. Em primeiro lugar, a questão do patrimônio, por si só, é tema suficiente para intermináveis debates, suscitando as mais diversas reações entre os interlocutores, já que não é de se supor que haja consenso acerca de seus usos e definições, ou, ainda, de sua proteção. A questão turística é outra fonte inesgotável de questionamentos, decorrentes tanto de sua fragilidade conceitual como do fato de seus estudos serem consideravelmente recentes quando comparados a outras áreas das ciências sociais aplicadas. Tratar, por fim, do que é internacional, nos dias atuais, implica uma dualidade, no sentido de que não há como pensar os itens anteriores sem a comparação ou a relação com outras partes do mundo, ao mesmo tempo que se busca uma valorização do que seja local.

Nesse contexto, desenrola-se a proposta deste livro de buscar elementos comuns entre patrimônio e turismo, com foco na capacidade de transcender os interesses nacionais, de despertar curiosidade, de gerar relações para além das fronteiras e limites políticos e econômicos, permitindo que o mercado turístico se estruture em torno dos elementos patrimoniais que, de alguma forma, despertam motivações turísticas nas pessoas.

Levando em conta que o Brasil representa um dos principais focos de nossos estudos, mesmo sendo destino presente no cenário turístico mundial, e que, nesse caso, teria a prerrogativa de ser elencado entre os temas discutidos, consideramos que, por sua importância, deve ser estudado em obra à parte.

O estudo que segue, portanto, trata do patrimônio internacional de interesse turístico, sem considerar o conjunto existente em nosso território, visto que este é habitualmente objeto de materiais didáticos e publicações específicas.

A obra está dividida em quatro capítulos. Logo em seguida à introdução, apresentamos a história e evolução do patrimônio, que busca na evolução do pensamento acerca do patrimônio definir os seus conceitos básicos e divisões, apoiados por definições pertinentes à área de turismo. Em seguida, examinamos as diferenças culturais e a diversidade existentes nos continentes, destacando diversos elementos para comparar a realidade mundial e o interesse dessa realidade para o tema patrimônio. Por fim, passamos para a caracterização do patrimônio e sua relação com a atividade turística mundial. Para isso, lançamos mão de dados da Organização Mundial do Turismo (OMT) para definir o *ranking* dos exemplos.

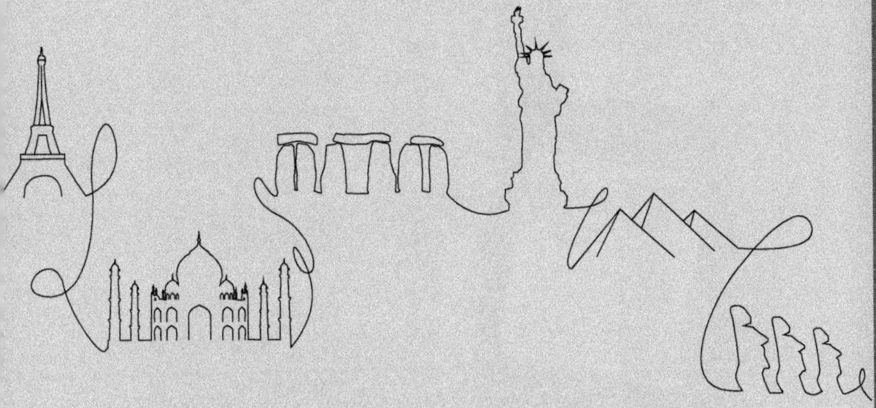

• COMO APROVEITAR AO MÁXIMO ESTE LIVRO •

Este livro traz alguns recursos que visam enriquecer o seu aprendizado, facilitar a compreensão dos conteúdos e tornar a leitura mais dinâmica.
São ferramentas projetadas de acordo com a natureza dos temas que vamos examinar. Veja a seguir como esses recursos se encontram distribuídos no decorrer desta obra.

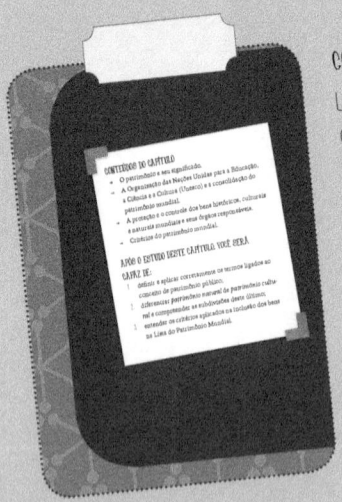

CONTEÚDOS DO CAPÍTULO

Logo na abertura do capítulo, você fica conhecendo os conteúdos que nele serão abordados.

APÓS O ESTUDO DESTE CAPÍTULO, VOCÊ SERÁ CAPAZ DE:

Você também é informado a respeito das competências que irá desenvolver e dos conhecimentos que irá adquirir com o estudo do capítulo.

SÍNTESE

Você dispõe, ao final do capítulo, de uma síntese que traz os principais conceitos nele abordados.

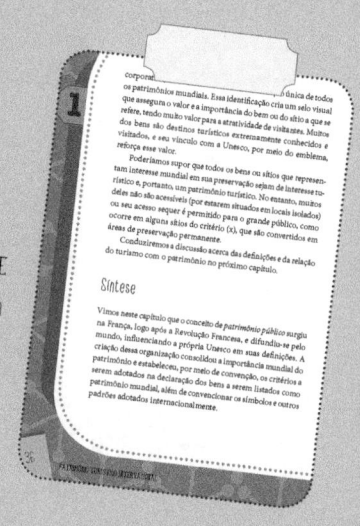

Síntese

Vimos neste capítulo que o conceito de *patrimônio público* surgiu na França, logo após a Revolução Francesa, e difundiu-se pelo mundo, influenciando a própria Unesco em suas definições. A criação dessa organização consolidou a importância mundial do patrimônio e estabeleceu, por meio de convenção, os critérios a serem adotados na declaração dos bens a serem listados como patrimônio mundial, além de convencionar os símbolos e outros padrões adotados internacionalmente.

QUESTÕES PARA REVISÃO

Com estas atividades, você tem a possibilidade de rever os principais conceitos analisados. Ao final do livro, os autores disponibilizam as respostas às questões, a fim de que você possa verificar como está sua aprendizagem.

Questões para revisão

1. Assinale a alternativa que apresenta, de forma correta, três das motivações turísticas:
   a. Físicas; ambientais; culturais.
   b. Psicológicas; sociais; culturais.
   c. Econômicas; sociais; culturais.
   d. Físicas; psicológicas; financeiras.

2. Leia as afirmações, verifique se são verdadeiras ou falsas e, em seguida, assinale a alternativa que contém a sequência correta:
   I. Os grupos de edificações incluem obras monumentais arquitetônicas, de escultura e pintura, elementos de estrutura arqueológica, inscrições, habitações em cavernas.
   II. Os monumentos são conjuntos de edifícios separados ou integrados que, em virtude da arquitetura, homogeneidade ou lugar na paisagem, tenham valor universal excepcional.
   III. Os sítios são constituídos de obras humanas e naturais combinadas e áreas incluindo sítios arqueológicos.
   a. Verdadeira; verdadeira; verdadeira.
   b. Falsa; falsa; falsa.
   c. Verdadeira; verdadeira; falsa.
   d. Falsa; falsa; verdadeira.

3. Relacione a coluna da direita com a da esquerda e assinale a alternativa que corresponde, de forma correta, ao tipo de patrimônio:

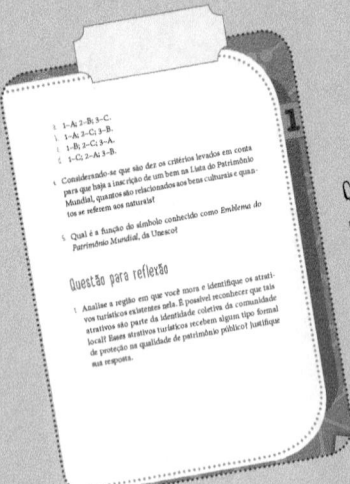

QUESTÕES PARA REFLEXÃO

Nesta seção, a proposta é levá-lo a refletir criticamente sobre alguns assuntos e trocar ideias e experiências com seus pares.

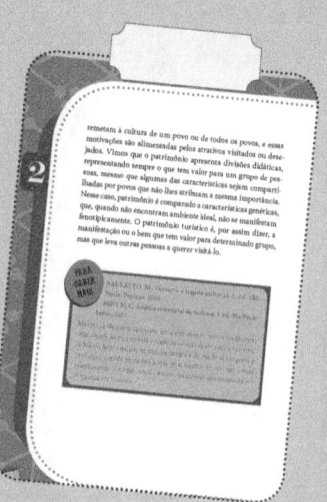

PARA SABER MAIS

Você pode consultar as obras indicadas nesta seção para aprofundar sua aprendizagem.

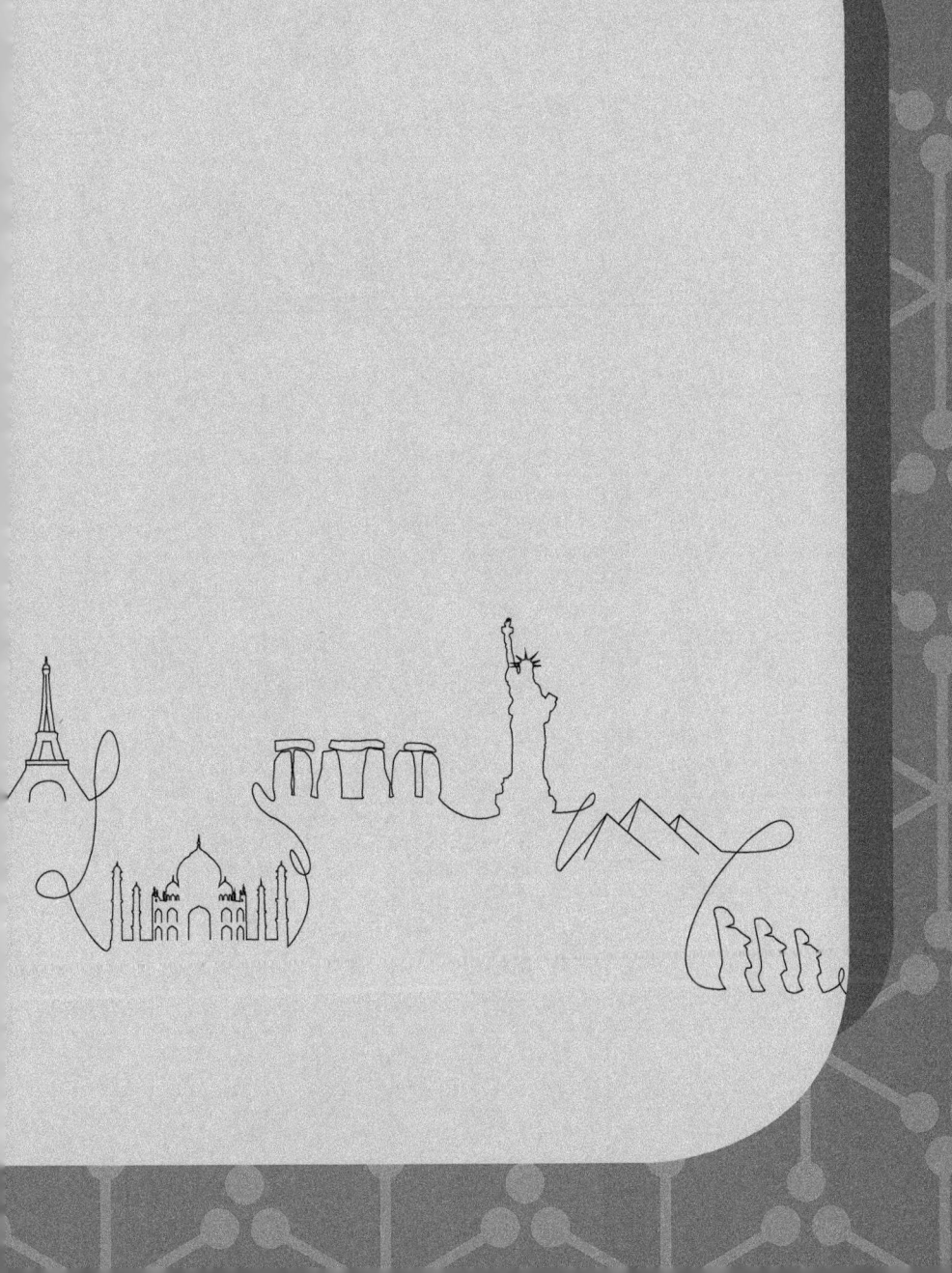

HISTÓRIA E EVOLUÇÃO DO PATRIMÔNIO

CAPÍTULO 1

CONTEÚDOS DO CAPÍTULO

→ O patrimônio e seu significado.
→ A Organização das Nações Unidas para a Educação, a Ciência e a Cultura (Unesco) e a consolidação do patrimônio mundial.
→ A proteção e o controle dos bens históricos, culturais e naturais mundiais e seus órgãos responsáveis.
→ Critérios do patrimônio mundial.

APÓS O ESTUDO DESTE CAPÍTULO, VOCÊ SERÁ CAPAZ DE:

1. definir e aplicar corretamente os termos ligados ao conceito de patrimônio público;
2. diferenciar *patrimônio natural* de *patrimônio cultural* e compreender as subdivisões deste último;
3. entender os critérios aplicados na inclusão dos bens na Lista do Patrimônio Mundial.

O significado usual da palavra *patrimônio* como "bem pessoal ou de família" é de conhecimento geral. Sua origem está relacionada ao latim *pater*, relativo a "pai", e indiretamente a "herança e bens de família".

Seu uso como patrimônio público, na forma como conhecemos nos dias atuais, remonta à Revolução Francesa, quando os bens da corte foram desapropriados e passaram, originalmente, a não ter dono, até que fosse concebida a noção de que os bens que outrora pertenciam ao rei deveriam passar a ser de todos, tornando-se bens do Estado, ou seja, do povo.

Os ideais iluministas da Revolução pregavam que todos fossem livres, iguais e fraternos (termo que remete à palavra latina *frater*, que significa "irmão"). Esses conceitos atualmente são bastante óbvios, no entanto, no século XVIII, época em que havia os nobres, os cidadãos comuns e os escravos, o berço ou a situação de vida diferenciavam os livres dos servos. A nobreza diferenciava as pessoas, e, como as origens eram distintas, os indivíduos não se sentiam no mesmo nível, tal como se sentem os irmãos.

É difícil mensurar nos dias atuais o impacto que essa revolução causou em seu tempo. Não foi a mera deposição de um rei, como ocorreu em muitas situações – o que já seria um feito que entraria para a história –; foi muito mais, pois esse evento mudou um sistema de governo e uma lógica secular no continente europeu. A tomada da Bastilha[1], que marca oficialmente o feito, tem uma carga simbólica muito importante nesse contexto, pois não significou apenas a invasão de uma fortaleza, mas a tomada de uma fortificação em que os inimigos do regime imposto pelo rei eram encarcerados e fadados a morrer.

Evidentemente, toda grande mudança passa por momentos turbulentos e, nesse caso, quando os revolucionários expulsaram a nobreza e o clero e se apropriaram de seus bens, estes foram tratados com o descaso de quem lida com os utensílios que antes haviam pertencido a pessoas odiadas. A destruição era tanta que chegou a ser comparada a atitudes dos bárbaros que haviam assolado o Império Romano séculos antes.

Historicamente, o principal responsável por essa comparação foi o Padre Henri Gregoire, que deu novo significado ao termo *vândalo*, originalmente vinculado ao povo bárbaro que invadiu e pilhou seguidamente regiões da Europa no século V. Para Gregoire, agir com sua própria terra de forma tão destrutiva era comparável a ser um bárbaro, um vândalo, e dessa analogia forjou-se o significado de destruição, depredação e de atitudes violentas que o termo *vandalismo* apresenta.

---

[1] "*Bastille* é uma palavra francesa usada para denominar qualquer fortificação. Por volta de 1370, Carlos V construiu a bastilha de Paris como a fortaleza da cidade. Mais tarde passou a ser usada como prisão para aqueles que desagradavam ao rei ou à sua corte. [...] Quando a Revolução Francesa começou, a primeira coisa que o povo fez foi atacar a Bastilha. Quando o governador, De Launay, desceu a ponte levadiça para que algumas peças de artilharia da guarda real pudessem entrar, a multidão aproveitou para invadir a fortaleza e matou toda a guarnição que ali se encontrava. No dia seguinte, o povo iniciou a demolição da Bastilha." (Bastilha, 2014) A data de 14 de julho, dia da invasão e tomada da construção, foi escolhida como festa nacional da França em 1880.

Esse mesmo padre foi o primeiro a argumentar que os bens deixados pelos nobres não eram descartáveis ou que não detinham somente valor pecuniário, já que vinham sendo regularmente vendidos para financiar a nova República. Segundo o religioso francês, a história contida nesses bens reportava também ao gênio do povo francês e deveria ser preservada, para que gerações futuras tivessem conhecimento dela ou até para que se obtivesse lucro de sua contemplação pelos viajantes (Camargo, 2002).

Figura 1.1 – Transformação dos bens na Revolução Francesa

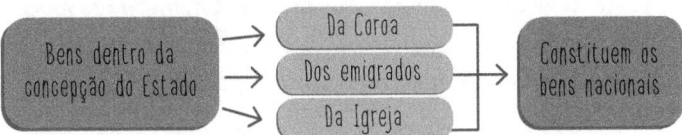

Fonte: Adaptado de Camargo, 2002.

Nesse período, verificou-se a necessidade de incentivar a preservação dos bens culturais deixados pela nobreza e, a partir da criação do conceito de *patrimônio público*, buscou-se criar na população a sensação de apego, baseada no pertencimento que até hoje determina os bens que passam a ser considerados patrimônio de um povo.

Figura 1.2 – Transformação do significado da palavra *patrimônio*

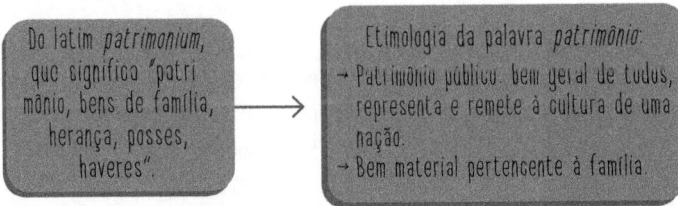

Fonte: Adaptado de Camargo, 2002.

A Revolução Francesa teve, portanto, papel preponderante na formalização dos procedimentos de proteção ao patrimônio, sendo a França o primeiro Estado Nacional a dispor de uma política de preservação, que influenciou inúmeros países (entre eles o Brasil) e até mesmo o conceito de *patrimônio mundial*.

Em toda essa discussão inicial, é interessante considerar que "o patrimônio leva os indivíduos a 'partilhar uma mesma cultura e desenvolver a percepção de um conjunto de elementos comuns, que fornecem o sentido de grupo e compõem a identidade coletiva'" (Rodrigues, 2001, p. 17) e que essa identidade coletiva se constrói exclusivamente com base no sentimento de pertencimento, o que significa que "o homem só reconhece e partilha elementos quando adota para si o contexto no qual está envolvido" (Medaglia; Silveira, 2013, p. 95).

1.1 A Organização das Nações Unidas para a Educação, a Ciência e a Cultura e a consolidação do patrimônio mundial

A evolução do pensamento relacionado ao patrimônio levou à dispersão das ideias pelo mundo, em especial pela Europa e pelos países que compartilhavam os ideais da Liga das Nações[2].

---

[2] Segundo a Organização das Nações Unidas (ONU), "A Organização que podemos chamar de predecessora da ONU é a Liga das Nações, uma instituição criada em circunstâncias similares [às da época da criação da ONU] durante a I Guerra Mundial, em 1919, sob o Tratado de Versailles. A Liga das Nações deixou de existir por causa da impossibilidade de evitar a II Guerra Mundial" (ONU, 2014).

Com a substituição da instituição pela Organização das Nações Unidas (ONU) após a Segunda Guerra Mundial, em 1945, criou-se também a United Nations Educational, Scientific and Cultural Organization (Unesco) – em português, "Organização das Nações Unidas para a Educação, a Ciência e a Cultura". De acordo com a própria entidade, sua criação é decorrente da crença de nações – após duas guerras em menos de uma geração – de que acordos políticos e econômicos não são suficientes para construir a paz duradoura (Unesco, 2014d, tradução nossa). Esta, por sua vez, deve ser estabelecida na base da solidariedade intelectual e moral da humanidade. Entre as formas de que a Unesco lança mão para favorecer essa solidariedade entre os povos está o esforço para possibilitar a construção da compreensão intercultural por meio da proteção ao patrimônio e do apoio à diversidade cultural, promovendo "o intercâmbio de conhecimentos culturais, étnicos e linguísticos [...]" (Unesco, 2014e), no intuito de que o conhecimento favoreça a compreensão da importância de cada povo para a humanidade.

O entendimento de que a liberdade de expressão é condição fundamental para a democracia, o desenvolvimento e a dignidade humana, inerente às ações da Unesco, ajudou a preservar inúmeras obras da intolerância de regimes ditatoriais e radicalismos religiosos em relação ao passado remoto de suas nações. Radicalismos como os que deram origem a destruições das estátuas de Buda no Afeganistão, pelos talibãs, em 2001 (Dias, 2001), poderiam ser ainda mais catastróficos se servissem de exemplos a outros países que, apesar de serem árabes e oficialmente muçulmanos nos dias de hoje, guardam um passado politeísta voltado à construção de grandes imagens de seres vivos, como é o caso do Egito.

A atuação da Unesco na preservação do patrimônio cultural mundial teve origem na preocupação internacional relacionada à construção da represa de Assuan, no Egito, que resultaria na inundação do vale no qual se encontravam tesouros da antiga civilização egípcia. A partir de uma solicitação dos governos do Egito e do Sudão, em 1959, a Unesco decidiu lançar uma campanha internacional pela aceleração da pesquisa arqueológica nas áreas que futuramente seriam inundadas. Os templos de Abu Simbel e Filae foram então completamente desmontados, transportados a um local a salvo da inundação e remontados por especialistas. Depois do sucesso dessa campanha de salvamento, várias outras foram realizadas e, em seguida, a Unesco iniciou a elaboração de um projeto de convenção sobre a proteção ao patrimônio cultural, apoiado pelo Conselho Internacional de Monumentos e Sítios (International Council on Monuments and Sites – Icomos) (Unesco, 2014g).

Conforme a Unesco, posteriormente surgiu nos Estados Unidos a ideia de combinar a conservação dos sítios culturais com a dos sítios naturais. Em uma conferência em 1965, na Casa Branca, solicitou-se a criação de um órgão que estimulasse a cooperação internacional para proteger áreas naturais e paisagísticas do mundo, além dos sítios históricos. Assim, em 1968, a International Union for Conservation of Nature (IUCN)[3] elaborou propostas similares para seus membros, e tempos depois todas as partes interessadas concordaram quanto à adoção de um único texto. Desse modo, a Conferência Geral da Unesco aprovou, em 16 de novembro de 1972, a Convenção

---

[3] Em português, "União Internacional para a Conservação da Natureza e dos Recursos Naturais".

para a Proteção do Patrimônio Mundial, Cultural e Natural, que reitera as formas pelas quais o ser humano interage com a natureza e, ao mesmo tempo, a necessidade fundamental de preservar o equilíbrio entre ambos (Unesco, 2014g).

> **PARA SABER MAIS**
>
> UNESCO – Organização das Nações Unidas para a Educação, a Ciência e a Cultura. Convenção para a Proteção do Patrimônio Mundial, Cultural e Natural. Disponível em: <http://unesdoc.unesco.org/images/0013/001333/133369por.pdf>. Acesso em: 20 nov. 2014.
>
> Nesse endereço, você pode ler a versão completa da Convenção em português.

1.2 A proteção e o controle dos bens históricos, culturais e naturais mundiais e seus órgãos responsáveis

Vinculados à Unesco, existem quatro órgãos de referência, destinados a diversas atividades, entre as quais aquelas relacionadas à proteção do patrimônio mundial.

O Icomos, citado anteriormente, é uma organização não governamental (ONG) cujo papel é o de fomentar a aplicação dos conceitos teóricos, além da metodologia e das técnicas de conservação do patrimônio material (arquitetônico e arqueológico). Essa ONG foi fundada em 1965 e tem sede em Paris, França. Seu trabalho está fundamentado nos princípios da Carta Internacional sobre a Conservação e Restauração de Monumentos e Sítios de 1964, a Carta de Veneza (Iphan, 1964). O papel específico do Icomos em relação à Convenção inclui ainda a avaliação das propriedades inscritas na Lista do Patrimônio Mundial, o monitoramento da conservação de bens culturais do patrimônio mundial e a avaliação dos pedidos de assistência internacional enviados por países, além das contribuições e apoio a atividades de capacitação.

Em relação ao patrimônio natural, a IUCN, sediada em Gland, na Suíça, reúne governos nacionais, ONGs e cientistas em parceria mundial e tem como missão influenciar, encorajar e assistir sociedades ao redor do planeta para conservar a integridade e a diversidade da natureza, bem como garantir o uso racional e ecologicamente sustentável de recursos naturais.

O papel específico da IUCN em relação à Convenção inclui avaliar os bens naturais candidatos à Lista do Patrimônio Mundial e monitorar o estado de conservação de bens naturais já inscritos. Além disso, a organização oferece contribuições e apoio para atividades de capacitação e avalia pedidos de assistência internacional submetidos por Estados-parte[4].

O International Centre for the Study of the Preservation and Restoration of Cultural Property (ICCROM)[5] é uma organização intergovernamental. Sua sede é em Roma, na Itália, e foi estabelecida em 1956. Suas funções incluem pesquisas, assistência técnica, documentação, treinamentos e programas de

---

[4] Países que são membros da ONU.

[5] Em português, "Centro Internacional para o Estudo da Preservação e da Restauração de Bem Cultural" (Unesco; Iphan; CLC, 2013).

conscientização do público para fortalecer a conservação do patrimônio material e imaterial. Na Convenção, ainda lhe são atribuídas as funções de ser o parceiro prioritário no treinamento para o patrimônio cultural, monitorar o estado de conservação de bens culturais do patrimônio mundial e avaliar pedidos de assistência internacional submetidos por Estados-parte, além de oferecer contribuições e apoio a atividades de capacitação (ICCROM, 2014).

Por fim, o Centro do Patrimônio Mundial, estabelecido em 1992, é o coordenador na Unesco de todas as questões pertinentes ao patrimônio mundial e organizador das sessões anuais do Comitê do Patrimônio Mundial. Para garantir o funcionamento cotidiano da Convenção, o Centro aconselha os Estados-parte na preparação das candidaturas dos sítios, faz uso do Fundo do Patrimônio Mundial para organizar a assistência internacional, quando requerida, e coordena os relatórios das condições dos sítios, bem como as ações emergenciais quando um sítio está ameaçado. Além disso, também organiza seminários técnicos, oficinas e atualizações na Lista do Patrimônio Mundial e na base de dados, desenvolve materiais educativos para conscientizar jovens sobre a necessidade da preservação do patrimônio e mantém o público informado sobre questões do patrimônio mundial (Unesco; Iphan; CLC, 2013).

1.3 Critérios do patrimônio mundial

Há dez critérios que são levados em conta para que determinado bem seja inscrito no patrimônio mundial. Os primeiros sete estão relacionados a bens culturais e, portanto, são avaliados pelo Icomos, e os demais estão relacionados a bens naturais e são avaliados pela IUCN. Enquanto muitos bens podem cumprir apenas critérios de uma instituição ou de outra, alguns são tanto naturais como culturais, sendo, nesse caso, avaliados por ambos e podendo ser considerados bens mistos. Os exemplos de cada tipo podem ser visualizados nas publicações da Unesco (ver Anexo 1 ao final desta obra), e alguns serão abordados mais adiante neste livro.

O Quadro 1.1 apresenta o resumo desses critérios.

Quadro 1.1 – Resumo dos critérios da Unesco para inscrição na Lista do Patrimônio Mundial

Critério	Descrição sucinta
(i) representar uma obra-prima do gênio criativo humano	Exemplo excepcional de um estilo que evoluiu dentro de uma cultura, que apresente tanto alto nível intelectual ou simbólico quanto alto grau de habilidade artística, técnica ou tecnológica.
(ii) exibir um evidente intercâmbio de valores humanos, ao longo do tempo ou dentro de uma área cultural do mundo, que teve impacto sobre o desenvolvimento da arquitetura ou da tecnologia, das artes monumentais, do urbanismo ou do paisagismo	O Icomos avalia se as características físicas de um bem podem estar relacionadas a um intercâmbio de ideias – e isso pode ser interpretado de diferentes maneiras. A primeira é que o bem pode incorporar uma ideia ou conceito vindo de outra região ou área e que tenha transformado atividades nesse local ou em outro lugar. A outra maneira é se o bem, por si só, possa ter promovido o intercâmbio de valores humanos por meio de ideias inspiradoras que influenciaram outras áreas. Ou, ainda, no caso de ter existido um fluxo de ideias em mão dupla, e o bem evidencia alguma forma de fusão cultural ou adaptação local considerada emblemática em algum sentido.

(continua)

(Quadro 1.1 – continuação)

Critério	Descrição sucinta
(iii) apresentar um testemunho único ou pelo menos excepcional de uma tradição cultural ou de uma civilização viva ou desaparecida	Considera tradições culturais que em um longo período definiram uma forma de vida ou civilização em uma região geocultural. Essas tradições podem ou não permanecer vivas e vibrantes, sendo, neste último caso, um testemunho. As tradições relacionadas ao critério podem ser formas de construção, planejamento espacial ou padrões urbanos. Caso sejam imateriais, devem apresentar resultados mais precisos que podem refletir ideias ou aspectos de tradições culturais (ex.: imagens de arte rupestre).
(iv) ser um exemplar excepcional de um tipo de edifício, conjunto arquitetônico ou tecnológico ou paisagem que ilustre (um) estágio(s) significativo(s) da história humana	O bem deve ilustrar um estágio significativo da história humana, de forma excepcional, o qual é avaliado em um contexto regional e global, e engrandecedora no contexto específico, bem como estar de alguma forma associado a um momento ou momentos definidores ou estágios significativos da história humana.
(v) ser um exemplo excepcional de um assentamento humano tradicional, uso da terra ou do mar que seja representativo de uma cultura (ou culturas) ou de uma interação humana com o meio ambiente, especialmente quando ele se tornou vulnerável sob o impacto de mudanças irreversíveis	O uso da terra não se aplica apenas a ocupações rurais. O aspecto-chave desse princípio é que o bem descortine uma cultura ou culturas de representatividade excepcional, cujo período de ocupação seja razoavelmente longo, associado ao assentamento ou uso, para que ele seja considerado tradicional. O assentamento ou uso deve ser também uma representação excepcional de uma cultura ou interação humana com o ambiente.
(vi) estar direta ou materialmente associado a acontecimentos ou tradições vivas, ideias ou crenças, obras artísticas e literárias de significação universal excepcional. (O Comitê considera que esse critério deve ser usado de preferência em conjunção com outros critérios)	Esse critério diz respeito a associações que muitas vezes não mostram um impacto tangível no bem em si, e que, no entanto, podem ser demonstradas clara e diretamente. Por exemplo: uma montanha sagrada que pode ter inspirado pintores ou artistas. Ou pode estar associado a algum outro tipo de acontecimento que, por si só, seja de importância excepcional. Esse critério, por regra, deve ser usado em conjunção com outros.

(Quadro 1.1 – continuação)

Critério	Descrição sucinta
(vii) representar fenômenos naturais notáveis ou áreas de excepcional beleza natural e importância estética	Os tipos de bens propostos para inscrição devem ser comparáveis com outros sítios distribuídos no mundo todo, e não apenas regionalmente. Portanto, por mais que a beleza natural seja mais facilmente verificável, a importância estética precisa ser avaliada por meio de um ou mais conceitos estéticos baseados na intelectualidade, não devendo ser confundida com o reconhecimento da estética de bens e paisagens culturais, atualmente expresso pelo uso dos critérios culturais.
(viii) ser um exemplo excepcional e identificador de estágios na história da Terra, incluindo os registros da vida, de processos geológicos significativos em curso no desenvolvimento das formas terrestres de elementos geomórficos ou fisiográficos significativos	Esse critério envolve quatro postulados naturais distintos, embora intimamente relacionados, relevantes à ciência geológica e geomorfológica: a história da Terra; o registro da vida; processos geológicos significativos em curso no desenvolvimento das formas terrestres; elementos geomórficos ou fisiográficos significativos. Em razão da natureza especializada de algumas candidaturas, a IUCN recebe consultoria de especialistas em geologia.
(ix) ser um exemplo excepcional de processos ecológicos e biológicos significativos em curso na evolução e desenvolvimento de ecossistemas e comunidades de plantas e animais terrestres de água doce, costeiros e marinhos	Esse critério depende do conhecimento científico e da compreensão dos ecossistemas da Terra e dos processos ecológicos e biológicos associados a suas dinâmicas. Estudos que orientam esse critério, elaborados pela IUCN e seus parceiros, podem ser consultados (em inglês, francês ou espanhol) em seu *site*[1].

(Quadro 1.1 – conclusão)

Critério	Descrição sucinta
(x) conter os hábitats naturais mais relevantes e significativos para a conservação *in situ* da diversidade biológica, incluindo os que contêm espécies ameaçadas, de Valor Universal Excepcional do ponto de vista da ciência e da conservação	Esse critério é baseado em uma série de ferramentas disponibilizadas pela IUCN e parceiros. Trata tanto da proteção dos hábitats quanto de sua diversidade.

Nota: [1] <http://iucn.org/knowledge/publications_doc/publications>.

Fonte: Adaptado de Unesco, 2014h.

Os critérios apresentados no Quadro 1.1 dizem respeito a bens e sítios classificados em **culturais**, **naturais** ou **mistos**, conforme comentado anteriormente. A divisão dessas categorias é apresentada na Figura 1.3.

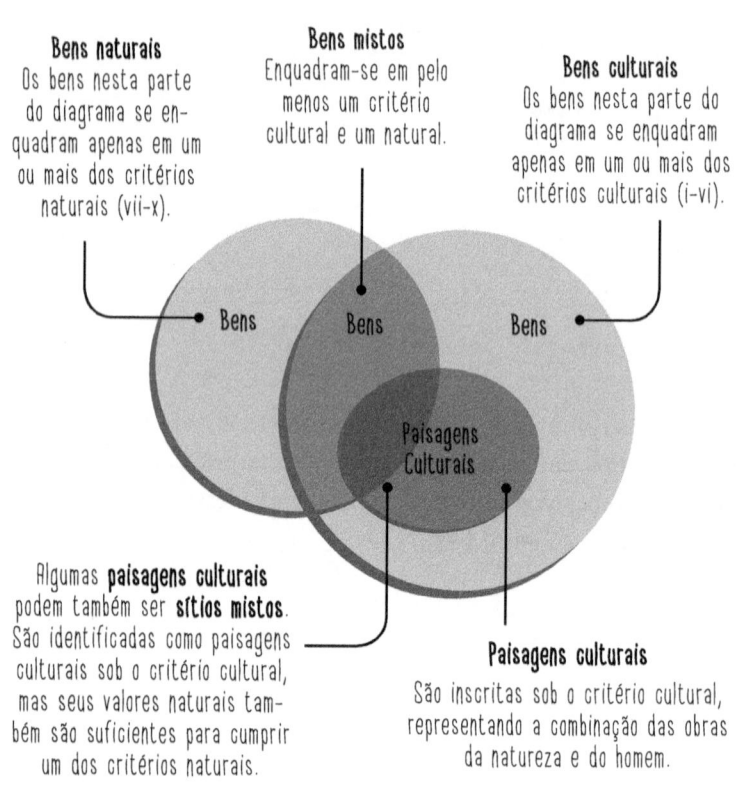

Figura 1.3 – Categorias de classificação de bens e sítios

Bens naturais
Os bens nesta parte do diagrama se enquadram apenas em um ou mais dos critérios naturais (vii-x).

Bens mistos
Enquadram-se em pelo menos um critério cultural e um natural.

Bens culturais
Os bens nesta parte do diagrama se enquadram apenas em um ou mais dos critérios culturais (i-vi).

Algumas **paisagens culturais** podem também ser **sítios mistos**. São identificadas como paisagens culturais sob o critério cultural, mas seus valores naturais também são suficientes para cumprir um dos critérios naturais.

Paisagens culturais
São inscritas sob o critério cultural, representando a combinação das obras da natureza e do homem.

Fonte: Unesco; Iphan; CLC, 2013, p. 36.

Os critérios utilizados individualmente ou em conjunto terão efeito sobre os locais solicitantes. Cabe ressaltarmos que as candidaturas são voluntárias e que, via de regra, causam orgulho nos habitantes que ostentam os símbolos relacionados, como louros da conquista do título de Patrimônio da Humanidade.

Entre os símbolos, pode-se dizer que o mais importante é o Emblema do Patrimônio Mundial, utilizado para identificar os bens inscritos na Lista do Patrimônio Mundial, da Unesco.

Figura 1.4 – Emblema do Patrimônio Mundial – Unesco

Fonte: Unesco, 2014c.

Segundo Braga e Machado (2010), citados por Bulhões (2011, p. 35),

> Este emblema simboliza a interdependência dos bens culturais e naturais: o quadrado central é uma forma criada pelo homem e o círculo representa a natureza, estando os dois elementos intimamente ligados. O emblema é redondo como o mundo, mas simboliza também a proteção. Simboliza a Convenção, significa a adesão dos Estados-parte à Convenção e serve para identificar os bens inscritos na Lista de Patrimônio Mundial.

Ainda de acordo com as autoras citadas, seu uso implica uma série de obrigações e representa uma identidade visual corporativa, com vistas a criar uma identificação única de todos os patrimônios mundiais. Essa identificação cria um selo visual que assegura o valor e a importância do bem ou do sítio a que se refere, tendo muito valor para a atratividade de visitantes. Muitos dos bens são destinos turísticos extremamente conhecidos e visitados, e seu vínculo com a Unesco, por meio do emblema, reforça esse valor.

Poderíamos supor que todos os bens ou sítios que representam interesse mundial em sua preservação sejam de interesse turístico e, portanto, um patrimônio turístico. No entanto, muitos deles não são acessíveis (por estarem situados em locais isolados) ou seu acesso sequer é permitido para o grande público, como ocorre em alguns sítios do critério (x), que são convertidos em áreas de preservação permanente.

Conduziremos a discussão acerca das definições e da relação do turismo com o patrimônio no próximo capítulo.

Síntese

Vimos neste capítulo que o conceito de *patrimônio público* surgiu na França, logo após a Revolução Francesa, e difundiu-se pelo mundo, influenciando a própria Unesco em suas definições. A criação dessa organização consolidou a importância mundial do patrimônio e estabeleceu, por meio de convenção, os critérios a serem adotados na declaração dos bens a serem listados como patrimônio mundial, além de convencionar os símbolos e outros padrões adotados internacionalmente.

> **PARA SABER MAIS**
>
> UNESCO – Organização das Nações Unidas para a Educação, a Ciência e a Cultura. **Convenção para a Proteção do Patrimônio Mundial, Cultural e Natural.** Paris, 1972. Disponível em: <http://whc.unesco.org/archive/convention-pt.pdf>. Acesso em: 22 mar. 2014.
>
> A melhor fonte para conhecer mais sobre os critérios levados em conta por ocasião da transformação de um bem em patrimônio da humanidade é a própria Convenção para a Proteção do Patrimônio Mundial, Cultural e Natural. Outras informações disponíveis no *site* da Unesco no Brasil (www.unesco.org.br) também podem ser muito úteis.

Questões para revisão

1. Leia as afirmações a seguir, verifique se são verdadeiras ou falsas e, em seguida, assinale a alternativa que contém a sequência correta:
   I. A ideia de *patrimônio público* remonta à Revolução Francesa e à desapropriação dos bens da Coroa.
   II. O padre Henri Gregoire foi uma figura essencial para a constituição do conceito de *patrimônio* da forma como o conhecemos hoje.
   III. O modelo francês de proteção ao patrimônio ficou restrito ao seu território e não influenciou outros países a criarem seus próprios modelos.
   a. Verdadeira; verdadeira; verdadeira.
   b. Falsa; falsa; falsa.

c. Verdadeira; verdadeira; falsa.
d. Falsa; falsa; verdadeira.

2. Assinale a alternativa cujos termos completam corretamente as afirmações a seguir:

→ A criação da Unesco e seu entendimento ligado à _____ entre os povos estão diretamente relacionados às duas Grandes Guerras Mundiais.

→ Em termos de preservação do _____, o papel da Unesco teve início com a construção da represa de Assuan, no Egito.

→ Durante a Conferência Geral da Unesco em 1972, foi aprovada a Convenção sobre a Proteção do Patrimônio Mundial _____.

a. Paz; patrimônio mundial; cultural e natural.
b. Paz; povo; histórico.
c. Cultura; povo; histórico.
d. Cultura; patrimônio mundial; cultural e natural.

3. Assinale a alternativa que corresponde à responsabilidade de cada órgão vinculado à Unesco na proteção do patrimônio mundial:

1	Icomos	A	Órgão que atua junto ao patrimônio mundial natural.
2	IUCN	B	Atua junto ao patrimônio material e imaterial, principalmente em atividades de capacitação.
3	ICCROM	C	ONG vinculada ao patrimônio material, responsável pelo patrimônio mundial cultural.

a. 1–A; 2–B; 3–C.
b. 1–A; 2–C; 3–B.

c. 1–B; 2–C; 3–A.
d. 1–C; 2–A; 3–B.

4. Considerando-se que são dez os critérios levados em conta para que haja a inscrição de um bem na Lista do Patrimônio Mundial, quantos são relacionados aos bens culturais e quantos se referem aos naturais?

5. Qual é a função do símbolo conhecido como *Emblema do Patrimônio Mundial*, da Unesco?

Questão para reflexão

1. Analise a região em que você mora e identifique os atrativos turísticos existentes nela. É possível reconhecer que tais atrativos são parte da identidade coletiva da comunidade local? Esses atrativos turísticos recebem algum tipo formal de proteção na qualidade de patrimônio público? Justifique sua resposta.

CONCEITOS BÁSICOS*

*Este capítulo contém trechos da obra de Silveira; Medaglia (2006)

CAPÍTULO 2

CONTEÚDOS DO CAPÍTULO
- Vínculo do turismo com o patrimônio.
- Conceitos de *patrimônio* e classificação correlata.
- Patrimônio turístico: definições e aplicação.

APÓS O ESTUDO DESTE CAPÍTULO, VOCÊ SERÁ CAPAZ DE:
1. compreender o papel do turismo e seu vínculo com os bens culturais e naturais;
2. diferenciar o patrimônio conforme sua classificação usual;
3. incorporar o conceito de *patrimônio turístico*.

Este capítulo será dividido em uma breve explanação acerca do turismo, a fim de caracterizar seu vínculo com o patrimônio, e em outra parte mais extensa, que abordará o patrimônio focalizando seus aspectos internacionais.

2.1 Situando o turismo em relação ao patrimônio

Como atividade humana, o turismo se baseia no deslocamento intencional de pessoas motivadas por conhecer ou usufruir atrativos e serviços de lugares distintos daqueles onde vivem. As definições oficiais levam em conta o tempo de permanência, os tipos de atividades realizadas, entre outros fatores. Costuma-se situar o turismo moderno a partir da Revolução Industrial, relacionando-o aos avanços tecnológicos das máquinas a vapor que, nos transportes, propiciaram maior regularidade e rapidez às viagens. Valls (2003), tratando da Revolução Industrial e da Modernidade, menciona o impacto do trem a vapor avançando pelo Ocidente, unindo cidades e tecendo uma rede de viagens permanente. Graças ao advento desse meio de transporte, estâncias hidrominerais e balneários foram adquirindo grande relevância à medida que novas linhas e estações passaram a ser inauguradas. No entanto, a Revolução Industrial não gerou somente os "meios" para o desenvolvimento turístico, mas em grande parte também trouxe consigo os "motivos" que levaram as pessoas a desejar o lazer relacionado às viagens e até necessitar dessa experiência.

A Figura 2.1 apresenta o modelo de funcionamento do turismo.

Figura 2.1 – Modelo esquemático da atividade turística

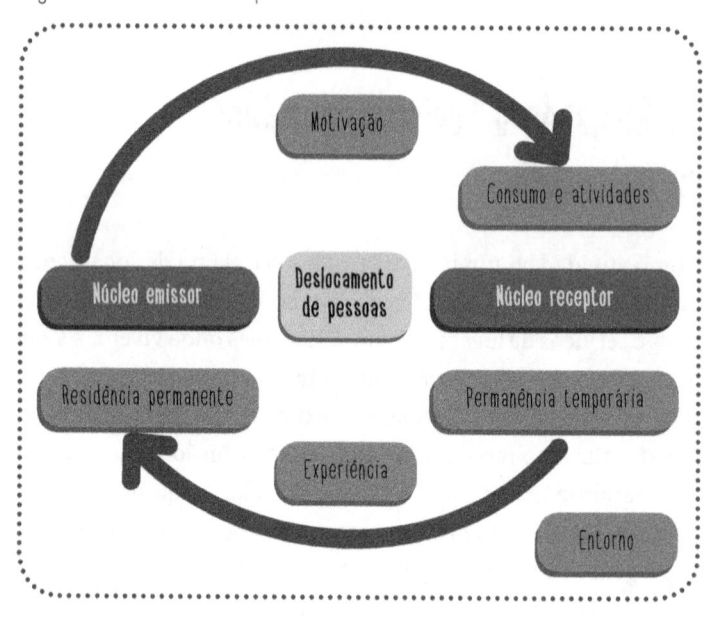

- Motivação
- Consumo e atividades
- Núcleo emissor
- Deslocamento de pessoas
- Núcleo receptor
- Residência permanente
- Permanência temporária
- Experiência
- Entorno

Fonte: Silveira, 2009, p. 26.

Uma das grandes mudanças ocorridas a partir da industrialização diz respeito à alteração dos períodos de ócio e de trabalho. De fato, "depois da descoberta da agricultura e da criação de animais, pela primeira vez na história da humanidade repensar o trabalho significou repensar e reorganizar a vida inteira" (De Masi, 2000, p. 59), implicando notórias mudanças na estrutura de poder da sociedade e, por conseguinte, nas viagens.

Se no século XVII o turismo, com enfoque cultural, permaneceu restrito a uma pequena parcela da sociedade até os anos 1970 e 1980, de acordo com Köhler e Durand (2007), quando deixou de ser atividade exclusiva de uma elite rica e educada, no século XIX, as atividades de veraneio já haviam passado da aristocracia para a emergente burguesia, consolidando o veraneio, que, de acordo com Esteve Secall (1983), precede o conceito de *férias*. As evoluções tecnológicas e a transformação do trabalho propiciaram paulatinamente o acesso da recém-estabelecida classe média ao mundo das viagens. Iniciou-se, assim, a atuação de pessoas "normais", ou da grande massa da população, no cenário do turismo, e esses cenários vêm se reinventando e se configurando em um novo mosaico resultante das novas estruturas sociais.

Silveira e Medaglia (2010, p. 161) explicam que o período de incremento nas possibilidades de viagens coincide com a evolução do capitalismo industrial e, dessa forma, "o turismo aconteceu seguindo o fluxo natural das civilizações, acompanhado da evolução econômica e industrial".

As viagens internacionais dentro da Europa tiveram uma breve ascensão, que foi interrompida pela Primeira Guerra Mundial, evento que mudou o mapa do velho continente. Ainda assim, no período seguinte, o turismo foi beneficiado pelo advento do automóvel. Segundo Barretto (2000, p. 53), "os anos entre 1920 e 1940 tornaram-se a era do automóvel e do transporte terrestre em geral". No período entreguerras, como vinha sendo fomentado, o turismo internacional europeu perdeu forças, ao passo que Alemanha e Itália promoveram o turismo social. Sessa (1974), citado por Esteve Secall (1983, p. 82), destaca as seguintes iniciativas nesse período:

- a adoção de medidas sociais, favorecendo o turismo nacional;
- as restrições nas liberdades dos turistas nacionais para viajar ao exterior, limitando, de alguma forma, o turismo internacional;
- a primeira tomada de consciência dos governos acerca dos efeitos econômicos do turismo, além de outros fatores.

O lazer e o turismo passaram a ser contabilizados nos planos de diversos governos, seja por seus efeitos sobre a população, seja, mormente, pelos efeitos econômicos do ingresso de divisas na chegada de turistas.

Krippendorf (2003, p. 21) trata o turismo não como um fato isolado, ou, nas palavras do autor, como "um mundo à parte que obedece a leis próprias", mas como fruto do sistema social industrial, que, por sua vez, é uma consequência da organização da civilização moderna. Portanto, o turismo, na visão do autor, a exemplo de outras atividades humanas, acaba sendo submissa à economia.

O interesse dos países com relação aos visitantes estrangeiros tomou novo rumo em decorrência de uma nova organização dos Estados e de normas atualizadas das relações internacionais. A necessidade de atração de moedas fortes em virtude da mudança nos padrões de câmbio, somada à crise subsequente ao período da Segunda Guerra Mundial, intensificou o interesse no turismo receptivo, considerando-se que os núcleos receptores, como apresentados na Figura 2.1, tendem a reter grande parte dos gastos dos turistas em suas visitas. A outra parte costuma ser gasta no núcleo emissor com a compra de passagens e reservas antecipadas, as quais geram alguma comissão aos agenciadores. Com isso, além da criação das primeiras organizações turísticas internacionais, surgiu a necessidade de definição dos viajantes ditos "desejáveis".

Em virtude desse fenômeno, os padrões de passaportes e vistos começaram a ser adotados mais intensamente no cenário internacional, e as classes de viajantes tornaram-se mais definidas, dando continuidade à tendência iniciada pelo governo britânico, que, segundo Oliveira (2001), já em 1915 adotava o passaporte para controlar o tráfego de turistas por seu território. Assim, os visitantes "bem-vindos" nesse contexto seriam, em princípio, os que viessem do exterior com dinheiro suficiente para o tempo que fossem permanecer. No entanto, como esse contingente já não era mais composto necessariamente de classes abastadas de viajantes, esse tempo deveria ser limitado e os vistos para esses viajantes passaram a deixar esse detalhe claro. A melhor forma, então, de diferenciar os visitantes temporários desejáveis dos possíveis imigrantes ou indivíduos desejosos de colocações de trabalho fora de seus países de origem – que se encontravam em crise – era definir classes de viajantes.

> Constavam, nessa época, palavras e expressões como *internacional*, *por motivos alheios a trabalho*, *temporário* e *voluntário* nos conceitos de turismo. O termo *turista*, nos dias atuais, é bastante usual e de compreensão universal, mas representa ainda uma forma recente (comparada à história da humanidade e seus deslocamentos) de encarar viajantes e visitantes de acordo com suas motivações.

Se o turista é visto como um visitante, geralmente estrangeiro, que viaja a determinado local por lazer, é possível que sua imagem seja associada à de um indivíduo adventício[1] que gasta dinheiro nos lugares que frequenta, e esse acaba sendo o fator que mais estimula os destinos a fomentar a atividade turística.

O interesse nos impactos econômicos costuma ser facilmente justificável e bastante presente na literatura. Há um outro ponto de vista comungado por órgãos como o Conselho Internacional de Monumentos e Sítios (Icomos) – descrito anteriormente nesta obra –, segundo o qual o turismo é entendido como um importante aliado na conservação dos bens (Costa, 2009).

Entretanto, os elementos mais destacados na conceituação da atividade turística, com especial enfoque no turismo internacional, dizem respeito aos atrativos e às motivações para visitá-los. Atrativos são recursos naturais ou culturais que, como o próprio nome sugere, atraem a atenção de turistas e levam pessoas a visitá-los. Entre esses recursos incluem-se desde manifestações climáticas e de natureza intocada até parques e paisagens naturais e culturais, atrações artificiais como parques temáticos, museus e construções, manifestações folclóricas, artísticas e culturais, costumes, personalidades e uma infinidade de itens que podem motivar uma viagem. Esses atrativos compõem a oferta turística original (Beni, 2001) e serão classificados em naturais ou culturais de acordo com a intervenção que tenham sofrido pelas mãos humanas.

As motivações, por sua vez, são as razões que impulsionam as pessoas a visitar determinado local ou a consumir algum

---

[1] De acordo com Houaiss (2009), "que ou aquele que chega de fora, de outra localidade ou país [...]".

produto específico. Costuma-se resumi-las conforme o que apresentamos no Quadro 2.1.

Quadro 2.1 — Motivações turísticas

Tipo de motivação	Características
Motivações físicas	Dizem respeito às necessidades físicas relacionadas à saúde (física ou mental).
Motivações psicológicas	Relativas a questões de vínculo afetivo com familiares ou amigos ou mesmo em novas relações.
Motivações sociais	Estão relacionadas ao posicionamento social do indivíduo dentro de seu grupo, como prestígio, imagem e fama.
Motivações culturais	Estão ligadas à aquisição de novos conhecimentos, aprofundamento dos saberes já existentes, contato com outras culturas e suas manifestações.

Fonte: Adaptado de Dias, 2011.

Assim, podemos afirmar que o patrimônio constitui um importante recurso turístico das localidades e que sua visitação e exploração turística determinarão se este será ou não um atrativo. Além disso, a motivação determinará o tipo de turismo realizado, de acordo com os interesses dos viajantes, e a promoção das localidades conforme suas características.

Habitualmente, o vínculo do turismo com o patrimônio se dá por meio do **turismo cultural**, do **ecoturismo** ou, ainda, pela combinação destes, dependendo do sítio visitado e dos interesses da demanda. Segundo Barretto (2000, p. 29),

> Na língua inglesa existe a possibilidade de ampliar o conceito de turismo histórico para a expressão *heritage based tourism*, que deve ser traduzida como "turismo com base no legado cultural", mas que pode ser simplificada para "turismo de tradição", embora

tradição e herança cultural não sejam exatamente a mesma coisa. O turismo com base no legado cultural é aquele que tem como principal atrativo o patrimônio cultural.

Não há um equivalente teórico no que diz respeito ao ecoturismo e sua relação com atrativos naturais que sejam considerados patrimônio ou não. No entanto, por analogia, pode-se inferir que o patrimônio natural representa um legado tão valioso quanto o legado cultural e que o ecoturismo e o caráter responsável sejam particularmente acolhedores aos conceitos de patrimônio, mesmo que as palavras *tradição* e *legado* não estejam muito relacionadas ao meio ambiente natural.

Sejam motivadas pela natureza, sejam motivadas pela cultura, são várias as necessidades ou desejos que impelem pessoas a viajar e, dentro do contexto do patrimônio, há especial destaque às motivações culturais, em virtude da própria classificação do patrimônio e sua relação com determinado grupo, local ou cultura, como discutiremos a seguir.

2.2 Conceitos de *patrimônio* e classificação correlata

Segundo a Organização das Nações Unidas para a Educação, a Ciência e a Cultura (Unesco, 2014j), *patrimônio* é o legado que recebemos do passado, usufruímos no presente e transmitimos às futuras gerações. Podemos considerar que nosso patrimônio cultural e natural são nossas referências e representam nossa identidade. Com relação a esse conceito, há que se considerar que o patrimônio nunca é fixo, pois evolui e se transforma, já que cada uma das heranças recebidas, materiais ou não, sofre o impacto da apropriação, da reapropriação e da manipulação, exercendo-se sobre elas mudanças significativas. É impossível que o patrimônio seja transferido nas mesmas condições em que foi recebido, uma vez que a todo momento é objeto de intervenções, algumas efetuadas pelo ser humano como usuário, outras pelas próprias forças da natureza, o que justifica os esforços constantes de preservação.

Barretto (2000) concorda com essa visão e acrescenta a noção geopolítica (quando se trata de patrimônio nacional ou internacional) e outras formas de divisão, levando em conta a dicotomia original entre natureza e cultura como a principal delas. Nesse contexto, a distinção entre patrimônio cultural e patrimônio natural tem finalidade didática e baseia-se especialmente na classificação internacional, em conformidade com o foco desta obra.

O patrimônio cultural originou o conceito de *patrimônio*, sendo dividido, no Brasil, por órgãos como o Instituto do Patrimônio Histórico e Artístico Nacional (Iphan, 2014b) em artístico e histórico, este último incluindo o industrial. Já internacionalmente, a Convenção do Patrimônio Mundial (Unesco; Iphan; CLC, 2013) propôs a seguinte divisão:

> → **Monumentos:** Obras arquitetônicas, obras monumentais de escultura e pintura, elementos ou estruturas de natureza arqueológica, inscrições, habitações em cavernas e combinações de características de valor universal excepcional do ponto de vista da história, da arte ou da ciência;
> → **Grupos de edificações:** Conjuntos de edifícios separados ou integrados que, devido à arquitetura, homogeneidade ou lugar na paisagem, tenham valor universal excepcional do ponto de vista da história, da arte ou da ciência;
> → **Sítios:** Obras humanas ou obras humanas e naturais combinadas, e áreas incluindo sítios arqueológicos de valor universal excepcional do ponto de vista histórico, estético, etnológico ou antropológico.

Fonte: Unesco; Iphan; CLC, 2013, p. 21.

A classificação mencionada anteriormente não é excludente, o que significa que um monumento declarado pode fazer parte de um sítio maior, igualmente declarado. Também pode ocorrer o contrário, como no caso de um conjunto de edificações estar em um local que não é declarado como patrimônio.

Segundo a classificação da Unesco, citada por Iphan (2014b), adotada internacionalmente, inclusive no Brasil, o patrimônio cultural divide-se em material e imaterial ou intangível. O primeiro caso é o mais conhecido e foi apresentado nos exemplos anteriores que incluem monumentos, sítios e conjuntos, os quais podem ser compostos por:

- monumentos;
- construções históricas;
- ruínas antigas;

- objetos de museus;
- troféus de campos de batalha;
- sítios históricos;
- paisagens culturais;
- acervos subaquáticos;
- relíquias industriais.

Alguns tipos contidos nessa lista são bastante comuns e de fácil compreensão, como os monumentos e as construções históricas. Outros, como paisagens culturais, acervos subaquáticos (que devem apresentar vestígios de civilizações submersas há pelo menos 100 anos) e relíquias industriais, são menos frequentes e muitas vezes até menos compreendidos. O conceito de *patrimônio industrial* tem se tornado mais popular nas últimas décadas em virtude de um progressivo interesse (inclusive para uso turístico) da sociedade contemporânea provocado pelas frequentes alterações em curso nos processos produtivos e nos diversos setores da economia decorrentes dos avanços tecnológicos e do crescimento do setor de serviços.

É sabido que algumas tecnologias e processos produtivos – até pouco tempo atrás muito usuais – logo perdem a utilidade e a funcionalidade, tornando-se arcaicos quando comparados aos novos métodos e tecnologias produtivas. Contudo, eles podem manter-se como elementos de referência cultural com potencial turístico, a exemplo das grandes fazendas com produção manual, produções artesanais de vestuário, alimentação e tantas outras.

Entretanto, nem só de aspectos físicos se constitui a cultura de um povo. Há questões que não são tangíveis, mas que são igualmente representantes do modo de vida ou da história de determinada sociedade: vestígios do passado, que conformam grande parte dos recursos nos quais se baseia o turismo voltado ao patrimônio histórico-cultural, como as atividades produtivas agrícolas, a agropecuária, as atividades minerais e industriais, além das peculiaridades morais, espirituais e sociais da população residente. Entre essas peculiaridades e particularidades estão compreendidas expressões de vida e tradições que comunidades, grupos e indivíduos em todas as partes do mundo recebem de seus ancestrais e passam para seus descendentes.

Trata-se, portanto, do patrimônio cultural intangível ou imaterial, que, além das práticas, representações, expressões, conhecimentos e técnicas, inclui os instrumentos, objetos, artefatos e lugares culturais que lhes são associados e que são compreendidos pelas comunidades, pelos grupos ou até mesmo, em alguns casos, por indivíduos como parte integrante de seu patrimônio cultural.

Devemos considerar que esse tipo de patrimônio é extremamente frágil, pois em muitos casos as tradições e os modos de vida vão no sentido oposto aos caminhos tomados pela sociedade. Tendo sido percebida a necessidade de proteção desses bens imateriais, a Unesco estabeleceu em 1989 a Convenção para a Salvaguarda do Patrimônio Cultural Intangível[2], adotada internacionalmente em 2003, que tem como finalidade fomentar organizações, pessoas e governos a identificar esse tipo de patrimônio e dar-lhe o devido valor. Nos anos de 2003 e 2005, com base na indicação dos países-membros e por meio de um júri internacional, várias manifestações foram incluídas na lista de Obras-Primas do Patrimônio Oral e Intangível da Humanidade

---

[2] Para ler na íntegra a citada convenção, acesse: <http://www.iphan.gov.br/baixaFcdAnexo.do?id=4718>.

foram proclamadas. De acordo com a Unesco, é de suma importância que haja acompanhamento permanente por parte dos países no sentido de identificar e candidatar manifestações de seus povos (Unesco, 2014i).

Ainda com base na Unesco (Unesco, 2014f), os bens naturais devem:

I. ser exemplos excepcionais representativos dos diferentes períodos da história da Terra, incluindo o registro da evolução, dos processos geológicos significativos em curso, do desenvolvimento das formas terrestres ou de elementos geomórficos e fisiográficos significativos, ou
II. ser exemplos excepcionais que representem processos ecológicos e biológicos significativos para a evolução e o desenvolvimento de ecossistemas terrestres, costeiros, marítimos e de água doce e de comunidades de plantas e animais, ou
III. conter fenômenos naturais extraordinários ou áreas de uma beleza natural e uma importância estética excepcionais, ou
IV. conter os *habitats* naturais mais importantes e mais representativos para a conservação *in situ* da diversidade biológica, incluindo aqueles que abrigam espécies ameaçadas que possuam um valor universal excepcional do ponto de vista da ciência ou da conservação.

Ressalta-se, portanto, conforme o que foi exposto anteriormente, que o patrimônio é dividido em categorias distintas, entre natural e cultural, sendo esta última ainda subdividida de acordo com o que apresentamos na Figura 2.2.

Figura 2.2 – Modelo esquemático da divisão do patrimônio

PATRIMÔNIO PÚBLICO
Bem geral de todos, representa e remete à cultura de uma nação.

PATRIMÔNIO CULTURAL
→ Integra uma grande quantidade de elementos muito difíceis de listar, afinal, "cultura é o que o homem faz" e, assim, podem ser incluídas desde formas de vida, realizações da criação do homem, até os mais tradicionais monumentos.

PATRIMÔNIO ARTÍSTICO
→ Integra todos os elementos gerados no passado nos diversos ramos da arte, como as criações de poetas, escritores e pintores. Inclui ainda obras públicas de arquitetos consideradas revolucionárias e inovadoras.

PATRIMÔNIO HISTÓRICO
→ Enfoca os antecedentes dos fatos gerados pelo ser humano em sua atividade social, cultural e industrial do passado, tanto fatos históricos e seus "personagens", quanto os locais, como edifícios e lugares geográficos "testemunhas" dos acontecimentos históricos de um povo.

PATRIMÔNIO INDUSTRIAL
→ São todos aqueles elementos como edifícios, maquinarias, utensílios, ferramentas e documentos.

PATRIMÔNIO NATURAL
→ Inclui os elementos remanescentes do ambiente físico do passado e dos processos geológicos, como as geleiras, as montanhas, os rios, as florestas, as planícies, as costas, as lagoas, os lagos, as águas termais e os riachos, as quedas d'água, as grutas e cavernas;
→ Fenômenos naturais de beleza ou importância estética (critério vii convenção Unesco);
→ Representantes peculiares de estágios evolutivos do planeta (critério viii convenção Unesco);
→ Exemplos significativos de processos ecológicos ou biológicos de ecossistemas ou comunidades de plantas ou animais terrestres, costeiros, marinhos ou de água doce em andamento (critério ix convenção Unesco)
→ Hábitats significativos e singulares da diversidade biológica na opinião de especialistas, incluindo os que devam ser alvo de preservação por estarem ameaçados (critério x convenção Unesco).

Fonte: Adaptado de Unesco 2014g; Iphan, 2014b.

Cabe mencionar que a noção de *patrimônio* foi muito favorecida pela evolução do pensamento histórico. De acordo com Camargo e Cruz (2009, p. 207),

> até a Segunda Guerra Mundial era considerado "patrimônio cultural" somente as grandes obras monumentais ligadas à cultura dominante: Com a consolidação da *nouvelle histoire*, a história deixou de ser restringida à oficialidade e passou a ser social, e as culturas dominadas passaram a ter tanta importância quanto as dominantes.

No caso do patrimônio natural, este é fundamentado no espaço natural, parte do espaço turístico[3], dividido em virgem e adaptado conforme o nível de intervenção humana. Esse espaço apresenta vínculo com o turismo especialmente por meio do ecoturismo, incentivado para fins de preservação dos bens.

Em todos os casos e classificações apresentados anteriormente, o patrimônio apresenta a interface entre um bem e o significado que este adquire ou já têm para determinado grupo de pessoas, podendo adquirir *status* de patrimônio local ou até mundial por meio dos critérios elencados. O importante é que é a percepção de importância por parte da sociedade que denota o valor do bem, demonstrando o protagonismo das sociedades na questão do patrimônio.

---

[3] Para conhecer mais sobre o uso dos conceitos de espaço geográfico em turismo, sugerimos que você recorra a: BENI, M. C. **Análise estrutural do turismo**. 6. ed. São Paulo: Senac, 2001. Consulte especialmente o item que trata do subsistema ecológico do Sistema de Turismo (Sistur).

2.2.1 Patrimônio como fenótipo social

Tratar as classificações do patrimônio como regra matemática seria um exercício inócuo. Muitas vezes, características que podem ser comparáveis em sociedades distintas não têm tanta representatividade para uma quanto o têm para outra.

Uma vez que o patrimônio diz respeito, em especial, ao que tem valor para determinado grupo ou sociedade, ele adquire uma conotação cultural, já que mesmo o que é "natural" só será considerado *patrimônio* se apresentar vínculo com esses grupos. Esse vínculo tem sua origem na cultura de cada sociedade, muitas vezes percebida e interpretada por "forasteiros" que, segundo Wagner (1981), "inventam" essas culturas quando se colocam no papel de observadores e comparam as convenções culturais com as quais se deparam com aquelas das quais dispõem em seu lugar de origem. Ou seja,

> Podemos encarar a invenção cultural como um sucessivo processo de formação de metáforas, de associações e extensões de elementos simbólicos cujo sentido pode ser mais ou menos literal dependendo do contexto de controle. Nesta dinâmica, a cultura não só "objetifica" a realidade por meio de convenções como também a inventa a partir do simbolizar convencional. (Benites, 2007, p. 119)

Tomando como base a biologia, fazemos uma comparação do patrimônio com a genética, procurando traçar um paralelo entre a consolidação de características socioculturais que em determinado ambiente histórico ou geográfico se apresentam de forma peculiar e as manifestações exteriores de seres vivos, que dependem não só de suas cargas genéticas, mas também das influências do ambiente para que se desenvolvam.

Nesse sentido, relembrando os conceitos de genética do ensino médio, temos que *genótipo* é a carga genética de um indivíduo, que ele recebe de seus pais em forma de genes que podem manifestar-se ou não, dependendo da combinação com outros genes (recessivos ou dominantes) e das influências que o organismo sofrer. *Fenótipo*, por sua vez, é o resultado da soma dessa carga genética com o meio ambiente onde o organismo tiver se desenvolvido, ou seja, uma combinação de predisposição genética e interferências do ambiente natural e social que o cerca.

A comparação aqui proposta é a de que o patrimônio é o resultado de predisposições culturais e sociais (as quais representariam a carga "genética" de uma sociedade ou grupo), que, combinadas a fatores geográficos e históricos, fazem despontar características, como acontece geneticamente com a influência do ambiente sobre os genes.

> Assim, a cultura é a carga genética que se manifesta de acordo com as influências ambientais, dando origem ao **patrimônio**, que é o **fenótipo da sociedade**, determinado por influências que configuram suas características. Algumas das principais características **genéticas** das sociedades – que podem indicar a representação que estas terão entre seus membros e que tornam a cultura visível (Wagner, 1981) – costumam ser **religião, cultura, geografia, história e gastronomia**, por tangibilizarem os choques culturais mais prontamente, ao mesmo tempo que participam do amálgama que forma a própria cultura.

Existe uma infinidade de fatores que interferem na construção do patrimônio, porém a influência cruzada entre os fatores mencionados anteriormente explica muito das características de um povo, que devem ser registradas e perpetuadas para as gerações futuras. A capacidade produtiva, por exemplo, é limitada pelas características geográficas de determinada região. Essas limitações ou oportunidades ditam o tipo de agricultura e pecuária tradicionais, o qual, por sua vez, delimita a variedade de pratos típicos dos lugares. Da mesma forma, a religiosidade de um povo costuma determinar o padrão ético de comportamento social, que determina a evolução histórica dos povos, a expansão comedida das sociedades monogâmicas ou a progressão geométrica da poligamia, as formas de acumulação de riquezas e de compartilhamento de heranças e até mesmo as relações internacionais e comerciais entre países de mesmo alinhamento.

Relacionando-se esses fatores, torna-se muito mais claro que a gastronomia típica japonesa, por exemplo, não pode ser encarada como um simples gosto por frutos do mar *in natura*. A combinação de arroz com peixe cru representa uma trajetória histórica, que vai desde a capacidade de forjar metais, técnicas de amolar instrumentos de corte (para criar as famosas facas japonesas que servem para fatiar os peixes), relevo e clima que determinaram o tipo de produção agrícola e a possibilidade de produção de arroz em larga escala, junto com técnicas de plantio em degraus, até a abundância de peixes na região do Pacífico onde se localiza o arquipélago japonês, aliada à capacidade naval e pesqueira desse povo.

Da mesma forma, não se pode encarar o tango como uma feliz coincidência da importação de instrumentos musicais na região do estuário do Rio da Prata sem considerar a influência árabe sobre os espanhóis, que resultou no uso de instrumentos de corda que deram origem ao violão, o qual foi trazido para a América por colonizadores, e que, junto das tradições indígenas, mouras, italianas e da internacionalização da região, deu origem a um estilo incomparável de música e dança.

A presença desses elementos, seja no caso do exemplo gastronômico, seja no do exemplo musical, em qualquer outro ambiente teria (e efetivamente teve) resultados distintos, apresentando *fenótipos* variados, mesmo com carga genética semelhante, em algumas situações.

São muitos os casos em que a peculiaridade resultante dessas combinações é mais perceptível aos olhos de quem observa de fora do que para os indivíduos que convivem com a situação. Não são raros os exemplos de locais que tendem a relutar em serem chamados de *peculiares*, *exóticos* ou *raros*, ou o que o valha. Em muitas dessas situações, os próprios turistas podem chegar a valorizar determinadas características até mais do que as comunidades autóctones[4], fenômeno que é apenas uma das tantas faces da relação entre o turismo e o patrimônio.

2.3 Patrimônio turístico: definições e aplicação

O termo *patrimônio turístico* não é um consenso entre estudiosos e autores das áreas de patrimônio e turismo. Sua aplicação,

---

[4] Diz-se de "que ou quem é natural do país ou da região em que habita e descende das raças que ali sempre viveram [...]" (Houaiss; Villar, 2009).

em alguns casos, diverge dos conceitos fundamentais de uma área ou de outra, especialmente no caso da aplicação no turismo, em que a expressão pode ser utilizada como sinônimo de recurso turístico de determinado núcleo receptor.

A origem do conceito nesse sentido é a publicação de Boullón (1997), a qual foi editada originalmente em 1985 e teve grande influência sobre a área de turismo, que, na época, dispunha de pouca bibliografia específica. Para o citado autor, o termo *recurso turístico* tem muitos sentidos e pode causar confusão quando da definição da oferta turística de determinado local. Segundo o o estudioso, esse termo deve ser substituído por *patrimônio turístico*, sendo por ele definido como "a relação entre a matéria-prima (atrativos turísticos), a planta turística (aparato produtivo), a infraestrutura (dotação de apoio à planta turística) e a superestrutura (subsistema organizacional e recursos humanos para operar o sistema)" (Boullón, 1997, p. 55). Esse esquema conceitual tem sido adotado por diversos autores ao longo das últimas décadas. No entanto, com a difusão dos conceitos de *patrimônio* da forma como são compreendidos atualmente, a proposta de Boullón acabou também causando divergências e confusões.

Entendemos que o conceito de *patrimônio* tenha superado em muito a influência da discussão "recurso turístico × patrimônio turístico", iniciada por Boullón (1997), e que esse mesmo conceito, sem esquecermos o importante papel do Iphan no caso do Brasil, deve muito à divulgação dos bens declarados pela própria Unesco e por seu interesse internacional. Além disso, o que dá credibilidade e respaldo ao conceito de *patrimônio mundial* é sua aplicação universal, já que o que é listado passa simbolicamente a pertencer a todos os povos do mundo (daí o conceito de *patrimônio da humanidade*), não importando o território em que esteja localizado. Obviamente, não se trata de desapropriar os bens declarados ou de intervir na soberania ou nas propriedades nacionais, mas de constituir um patrimônio universal com o qual o mundo todo tem o dever de cooperar.

Como o patrimônio público (nas suas versões culturais, naturais ou mistas; materiais e imateriais; nacionais e/ou internacionais) é de grande importância para o turismo, sendo suas relações muito desejáveis – já que, de um lado, incitam o deslocamento e, de outro, a valorização de lugares e sua decorrente proteção –, propõe-se para este estudo que o patrimônio turístico seja entendido como o conjunto de bens naturais ou culturais que representam a herança de determinado grupo de pessoas e que, por esse motivo, devem ser vivenciados por gerações futuras, atraindo o interesse a ponto de gerar um fluxo turístico motivado a conhecê-lo e visitá-lo.

Para este livro especificamente, nosso interesse recai sobre o patrimônio turístico que motiva deslocamentos internacionais ou que tem repercussão mundial. Ainda que haja exemplares de bens e sítios dessa monta no Brasil, nas comparações e exemplos que seguirão esses casos não serão incluídos, por entender-se que devam fazer parte de uma obra específica, dada sua importância para o cenário turístico nacional e sua repercussão doméstica e internacional.

Síntese

O turismo e suas motivações se aproximam dos conceitos de patrimônio por meio do uso turístico de bens com valor que remetam à cultura de um povo ou de todos os povos, e essas motivações são alimentadas pelos atrativos visitados ou desejados. Vimos que o patrimônio apresenta divisões didáticas, representando sempre o que tem valor para um grupo de pessoas, mesmo que algumas das características sejam compartilhadas por povos que não lhes atribuam a mesma importância. Nesse caso, patrimônio é comparado a características genéticas, que, quando não encontram ambiente ideal, não se manifestam fenotipicamente. O patrimônio turístico é, por assim dizer, a manifestação ou o bem que tem valor para determinado grupo, mas que leva outras pessoas a querer visitá-lo.

> **PARA SABER MAIS**
>
> BARRETTO, M. Turismo e legado cultural. 5. ed. São Paulo: Papirus, 2000.
>
> BENI, M. C. Análise estrutural do turismo. 6. ed. São Paulo: Senac, 2001.
>
> Margarita Barretto apresenta uma abordagem menos tradicional relacionada ao patrimônio e trata da relação deste com o turismo. Já Mario Beni analisa, ao mesmo tempo e de modo abrangente e profundo, grande parte dos temas relacionados ao turismo e suas relações com o mundo atual. Ambos os autores são ícones da bibliografia em turismo.

Questões para revisão

1. Assinale a alternativa que apresenta, de forma correta, três das motivações turísticas:
   a. Físicas; ambientais; culturais.
   b. Psicológicas; sociais; culturais.
   c. Econômicas; sociais; culturais.
   d. Físicas; psicológicas; financeiras.

2. Leia as afirmações, verifique se são verdadeiras ou falsas e, em seguida, assinale a alternativa que contém a sequência correta:
   I. Os grupos de edificações incluem obras monumentais arquitetônicas, de escultura e pintura, elementos de estrutura arqueológica, inscrições, habitações em cavernas.
   II. Os monumentos são conjuntos de edifícios separados ou integrados que, em virtude da arquitetura, homogeneidade ou lugar na paisagem, tenham valor universal excepcional.
   III. Os sítios são constituídos de obras humanas e naturais combinadas e áreas incluindo sítios arqueológicos.
   a. Verdadeira; verdadeira; verdadeira.
   b. Falsa; falsa; falsa.
   c. Verdadeira; verdadeira; falsa.
   d. Falsa; falsa; verdadeira.

3. Relacione a coluna da direita com a da esquerda e assinale a alternativa que corresponde, de forma correta, ao tipo de patrimônio:

1	Patrimônio natural virgem	A	Integra o meio ambiente natural, intocado ou conservado pelo homem.
2	Patrimônio cultural artístico	B	Integra todos os elementos gerados no passado nos diversos ramos da arte, como as criações de poetas, escritores e pintores. Inclui, ainda, obras públicas de arquitetos consideradas revolucionárias e inovadoras.
3	Patrimônio natural adaptado	C	Integra o meio rural ou a natureza existente no meio urbano.
4	Patrimônio cultural histórico	D	Enfoca os antecedentes dos fatos gerados pelo homem em sua atividade social, cultural e industrial do passado – tanto fatos históricos e seus "personagens" quanto os locais, como edifícios e lugares geográficos "testemunhas" dos acontecimentos históricos de um povo.

a. 1–D; 2–C; 3–B; 4–A.
b. 1–C; 2–B; 3–A; 4–D.
c. 1–B; 2–A; 3–D; 4–C.
d. 1–A; 2–B; 3–C; 4–D.

4. Que características das sociedades, na formação de seu patrimônio, são apontadas como genéticas?

5. O que se compreende por *patrimônio turístico*?

Questão para reflexão

1. Verifique se na sua cidade existem monumentos, sítios, grupos de edificações ou até mesmo manifestações culturais de reconhecido valor para a comunidade. Discuta com seus pares se esses bens ou atividades culturais são usados/explorados turisticamente. Tente interpretá-los com base em seu fenótipo social.

DIFERENÇAS CULTURAIS E DIVERSIDADE EXISTENTES NOS CONTINENTES

CAPÍTULO 3

CONTEÚDOS DO CAPÍTULO

- Divisão mundial (continentes e outras divisões).
- Mapa do patrimônio mundial da Organização das Nações Unidas para a Educação, a Ciência e a Cultura (Unesco).
- Representatividade do patrimônio nas regiões.
- Características gerais dos continentes, as sub-regiões turísticas e sua relação com o patrimônio.

APÓS O ESTUDO DESTE CAPÍTULO, VOCÊ SERÁ CAPAZ DE:

1. identificar as divisões internacionais baseadas em critérios diversos;
2. visualizar a dispersão do patrimônio mundial e suas características;
3. apontar características das regiões do mundo em termos de turismo e patrimônio.

Todos os países contam com locais, tradições ou monumentos de interesse local ou nacional que se constituem em verdadeiros motivos de orgulho. A Organização das Nações Unidas para a Educação, a Ciência e a Cultura (Unesco) e seus órgãos afiliados estimulam as nações a identificar e proteger seu patrimônio, esteja ou não incluído na Lista do Patrimônio Mundial. De acordo com a Unesco (2014j), "o patrimônio é de fundamental importância para a memória, a identidade e a criatividade dos povos e a riqueza das culturas".

Oficialmente, existem cinco continentes povoados – África, América, Ásia, Europa e Oceania –, que são delimitados geográfica e politicamente. No entanto, a diversidade existente no mundo e as relações entre países já criaram e continuam criando diversos mapas com divisões relacionadas à geografia física e política, ao momento histórico, ao sistema econômico, à cultura etc.

Exemplo claro disso foi o longo período do século XX após a Segunda Guerra Mundial em que se considerava a existência de "três mundos": o Primeiro Mundo (mundo capitalista desenvolvido), o Segundo Mundo (bloco comunista) e o Terceiro Mundo (menos desenvolvido e que não se encaixava em nenhum dos anteriores), representando uma divisão política e econômica que unia países distantes geograficamente em blocos com afinidades preestabelecidas.

Outro exemplo é a divisão que se faz turisticamente do mundo, nesse caso distribuído de acordo com a lógica das regiões com produtos comparáveis, levando mais em consideração aspectos que aglutinam características, como idiomas, paisagens, afinidade cultural ou proximidade física. Uma viagem pelo Oriente Médio que envolva Turquia, Marrocos e Emirados Árabes, por exemplo, mesmo incluindo Ásia, Europa e África em um mesmo pacote, pode não mencionar o caráter transcontinental por não ser esse o objeto da viagem, mas a afinidade entre essas culturas, já que são todos países que, mesmo estando em continentes distintos, são muçulmanos e estão relacionados a uma região que se vincula culturalmente. Em função dessa lógica, a divisão da Organização Mundial do Turismo (OMT) baseia-se em África, Américas, Ásia e Pacífico (região que inclui a Oceania), Oriente Médio e Europa. Destacamos que, no Oriente Médio, a OMT inclui um dos principais destinos do norte da África, o Egito, mas não faz o mesmo com Marrocos e Tunísia, o que mostra uma conotação mais geográfica do que político-cultural da divisão, em alguns casos.

Já a Unesco, uma vez que não trata exclusivamente de patrimônio, mas também de educação, ciência e cultura, e que, portanto, busca outras referências para sua classificação de países, dispõe de outra divisão, baseada essencialmente em aspectos culturais e de desenvolvimento, que inclui a categoria *Países Árabes*, que abrange tanto o Egito como o Marrocos e a Tunísia, incluindo os principais destinos turísticos da chamada *África Saariana*.

A divisão da Unesco une ainda Europa e América do Norte, em uma clara alusão aos países desenvolvidos – ainda que estejam nesse grupo vários países do Leste Europeu que até o momento não se enquadram nessa categoria –, separando a América em outra região denominada *América Latina* e *Caribe*. Por fim, na divisão regional há a África (basicamente subsaariana) e a mesma divisão da OMT para *Ásia e Pacífico*.

A divisão elaborada pela Unesco se constitui, portanto, nas regiões que são apresentadas no Quadro 3.1, que pode ser visto no Anexo 2 ao final desta obra, com os países a elas pertencentes.

Tanto a divisão regional apresentada pela OMT como a sugerida pela Unesco apresentam tendências de interpretação decorrentes dos ramos de atividade ou de afinidade de cada organização. Na lista existente no *site* da Unesco, os bens são apresentados sem caracterização regional, simplesmente por nome de país, em ordem alfabética. No mapa, não há divisões regionais ou sequer fronteiras políticas, como se reproduz a seguir.

A Figura 3.1, que pode ser vista no Anexo 3 desta obra, mostra o panorama mundial dos bens inscritos na Lista do Patrimônio Mundial, e é possível perceber visualmente as partes do planeta onde há predominância de figuras. Os losangos amarelos representam bens ou sítios culturais, e os círculos verdes, os naturais. Os bens mistos são representados por círculos de ambas as cores. As formas em vermelho representam bens ameaçados, respeitando o padrão de losango e círculo para bens culturais e naturais, respectivamente.

Algumas características saltam aos olhos em uma análise visual preliminar: primeiramente, a grande concentração de bens culturais na Europa, com dispersão discreta para o Oriente Médio e o norte da África, e, em seguida, o aumento de bens naturais à medida que o foco se afasta da região ocidental europeia. Podemos considerar que essas características decorrem do fato de a Convenção para a Proteção do Patrimônio Mundial, Cultural e Natural ter surgido no continente europeu, com características voltadas à realidade cuja proteção é considerada primordial.

Gráfico 3.1 – Proporção de bens por região

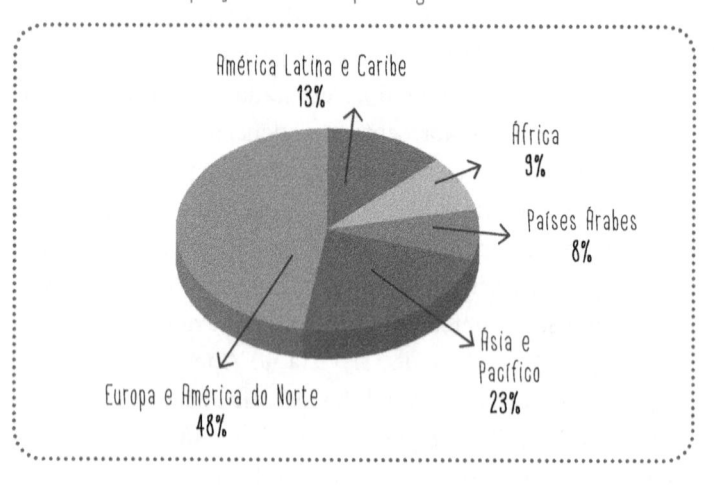

- América Latina e Caribe: 13%
- África: 9%
- Países Árabes: 8%
- Ásia e Pacífico: 23%
- Europa e América do Norte: 48%

Fonte: Unesco, 2014e.

Muitas culturas não contam com tradição construtiva ou mesmo comemorativa referente a monumentos construídos com materiais duráveis, como bronze ou concreto. Dessa forma, muitos povos da África Subsaariana, povos pré-coloniais da Oceania e de parte das Américas que não dispunham de tradições de obras monumentais acabaram menos representados dos que os dos impérios que se sucederam na Europa e na Ásia (incluindo o Oriente Médio).

A predominância dos bens culturais sobre os naturais é também bastante marcada, como é possível perceber pelo Gráfico 3.2.

Gráfico 3.2 – Proporção de bens naturais, culturais e mistos

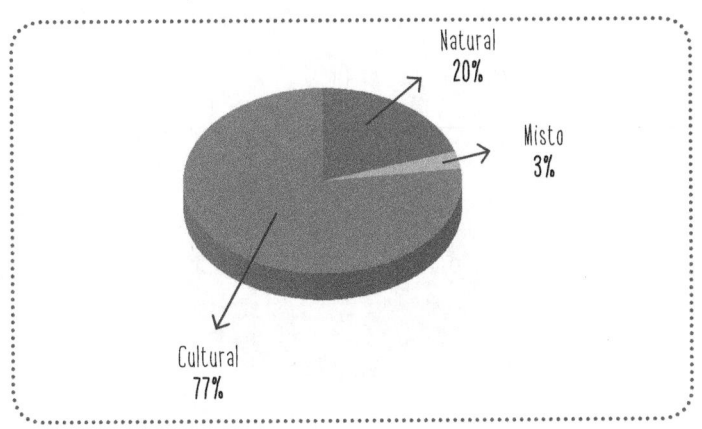

Natural
20%

Misto
3%

Cultural
77%

Fonte: Unesco, 2014d.

Pelo que podemos observar no Gráfico 3.2, mais de três quartos dos bens listados são de origem cultural. Os bens culturais deram origem ao conceito de *patrimônio* e ao processo de reconhecimento do patrimônio mundial da Unesco em todo o globo – e, como podemos perceber pela Figura 3.1, ainda predominam especialmente no Velho Mundo, em comparação com os bens naturais e mistos, mais espalhados pelos novos continentes.

Outra característica desse mapa é a constatação de que os bens ameaçados estão espalhados espacialmente pelas áreas de maior conflito ou risco de acidentes naturais, com predominância na África e no Oriente Médio.

Gráfico 3.3 – Proporção dos bens ameaçados (por região)

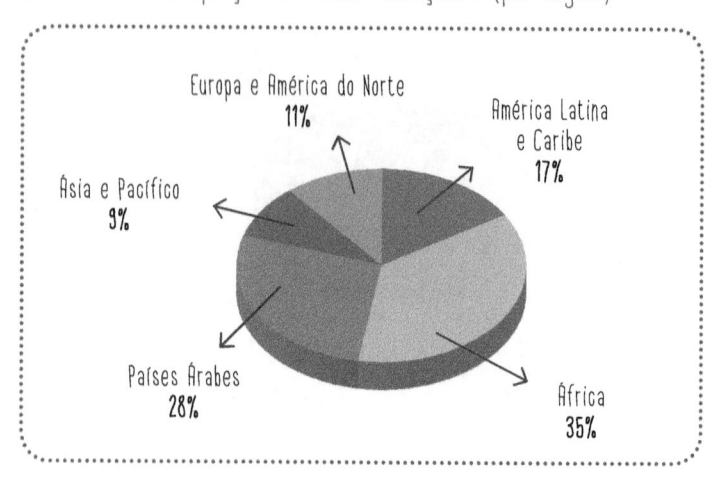

- Europa e América do Norte: 11%
- América Latina e Caribe: 17%
- Ásia e Pacífico: 9%
- Países Árabes: 28%
- África: 35%

Fonte: Adaptado de Unesco, 2014d.

As características de cada região favorecem tanto a proliferação dos sítios a serem declarados quanto as condições favoráveis ou desfavoráveis à sua proteção.

A lista apresentada no Anexo 1 ao final desta obra foi obtida por meio da página da Unesco do Brasil (Unesco, 2014d). Essa relação facilita a visualização dos bens existentes em cada país, precedidos do ano de declaração, com dados levantados até julho de 2012. Na ocasião, o total era de 962 sítios, localizados em 153 dos 189 Estados-parte. Desses sítios 745 são culturais, 188 naturais e somente 29 mistos (Unesco, 2014d). Os bens são apresentados por país, em ordem cronológica de inscrição na lista.

Essa lista apresenta uma diversidade imensa de bens e de características de cada país ou de conjuntos de países. Todos são de grande interesse e têm valor inestimável. Contudo, turisticamente, a grande maioria não é considerada individualmente um atrativo turístico. Muitos sequer podem ser visitados.

Como nosso interesse neste livro diz respeito ao uso turístico do patrimônio, destacaremos as particularidades de cada região considerada atraente aos interesses turísticos. Essas características se apoiam em idiossincrasias de cada continente e de suas respectivas regiões, as quais serão analisadas a seguir com base na divisão proposta por Swarbrooke e Horner (2002), a qual incorpora elementos da divisão regional da Unesco e da OMT (e inclui a Antártida, que não detém bens declarados, não sendo, portanto, mencionada), por ser voltada ao turismo internacional. A divisão adotada pelos autores é: Europa; América do Norte; América Central, Caribe e América do Sul; África; Oriente Médio; Ásia e Pacífico.

3.1 Características gerais dos continentes, as sub-regiões turísticas e sua relação com o patrimônio

As características de cada território e o vínculo com o povo que o habita dependem de uma série de fatores geográficos, culturais e até mesmo alimentares. Inicialmente, a dispersão da espécie humana pela Terra se deu por conta da busca de alimentos e melhores condições de vida e teve continuidade no desejo de expansão, de conquistas e, do outro lado da moeda, no exílio dos perdedores. Além disso, os assentamentos originados viviam à mercê das características morfológicas da crosta da Terra e de suas modificações, fazendo com que "édens" se transformassem em locais inóspitos em decorrência de ciclos geológicos (como os glaciais), fenômenos naturais, como inundações, furacões, vulcões (como no caso de Pompeia) e *tsunamis*, ações humanas (com incêndios e pilhagens) e pragas.

> Esses povoamentos também estimularam a genialidade humana responsável pelas seguintes iniciativas:
> → criação de cidades e monumentos;
> → superação de obstáculos naturais, como rios, mares e montanhas;
> → controle da natureza – decisão de épocas de plantio e colheita, de sacrifícios e abates dos animais que passaram a servir a espécie humana;
> → criação de códigos de comunicação interpessoal e registro de realizações e grandes feitos por meio de várias manifestações culturais (pintura, música, poesia) destinadas à difusão de relatos a outros povos.

O isolamento dos numerosos núcleos humanos foi gerando culturas, idiomas e tradições que, ao longo dos últimos milênios, têm configurado os diversos povos do planeta. Além disso, as oportunidades e as limitações impostas pelo meio tiveram papel preponderante no desenvolvimento do modo de vida das populações atuais e de seus antepassados. As ações de nossos ancestrais também desencadearam muitas das situações atuais que presenciamos.

O início dessa história de expansão da humanidade se deu em um dos continentes menos desenvolvidos para os padrões atuais de comparação: o africano.

3.1.1 África: origem dos povos

O continente africano é o berço dos grandes primatas do planeta. A evolução da ordem dos primatas deu origem a diversas espécies, entre elas a humana. A partir desse continente, ocupamos o planeta em praticamente todos os seus rincões.

A África conta com uma grande barreira natural, o Saara, que é o maior deserto do mundo e ocupa um terço da porção norte do território africano, fator que dificultou a migração intercontinental. As regiões do Saara, a zona de transição chamada *Sahel* e a África Subsaariana apresentam características muito marcadas e muito distintas, especialmente na região entre esses territórios. Curiosamente, uma das faixas de terra mais férteis do globo fica na faixa do Saara, ao longo das margens do Rio Nilo, que presenteou a humanidade com uma das mais impressionantes civilizações da Antiguidade: os egípcios. Alguns dos patrimônios de maior interesse mundial estão no Egito, que é, atualmente, um país árabe.

Em termos de relevo, segundo Decicino (2006), a África caracteriza-se "pelo predomínio de imensos tabuleiros (planaltos pouco elevados) e considerável altitude média – cerca de 750 metros". No que diz respeito ao clima, o autor acrescenta que 80% do continente está situado entre os trópicos de Capricórnio e Câncer, razão pela qual apresentam "altas temperaturas e pequenas variações anuais" (Decicino, 2006).

Localizados no interior do território africano, os desertos ocupam grande parte do continente. A fauna africana talvez seja a mais difundida internacionalmente, com destaque para os cinco grandes mamíferos – elefante, leão, leopardo, búfalo afriano e rinoceronte –, que turisticamente propiciam muitos safáris (originalmente de caça e, atualmente, fotográficos). No entanto, representam um fragmento da diversidade existente.

A abundância alimentar existente na porção meridional do continente, aliada ao relevo e às estações marcadas por constantes inundações e secas, forjou povos menos fixados em territórios, com característica mais coletora.

A situação geográfica da África no mapa do mundo favoreceu a afluência de incontáveis migrações, invasões e colonizações. Há aproximadamente mil anos, a principal influência ocorrida na porção saariana foi a migração dos povos vindos da península arábica, parte asiática do Oriente Médio, que colonizou e conquistou regiões e ainda repovoou o norte do continente africano, estabelecendo o chamado *Magreb* ("poente", em árabe), em alusão à porção mais ocidental do mundo árabe.

Com a evolução da navegação, as terras do Sul, as mais remotas do continente, passaram a ser cobiçadas pelos países europeus, que protagonizaram uma das fases mais abomináveis da história da humanidade, elevando a escravidão à escala industrial. Apesar de a escravidão não ser novidade no mundo para a época, posto que quase todos os povos antigos apresentam relatos da presença de escravos, a proporção que o comércio de vidas humanas tomou nesse período não tem precedentes na história.

Ademais, em razão da fragilidade da proteção de um território vasto e com uma organização demográfica desunida, a África foi um dos principais palcos da colonização europeia e da dispersão da cultura europeia ocidental no globo. Muitos dos territórios colonizados – convertidos arbitrariamente em países a despeito da identidade de seus grupos étnicos unidos e separados à revelia em acordos firmados entre os países europeus interessados – tornaram-se independentes somente no século XX[1]. O fim dessa fase colonial trouxe à tona rivalidades tribais históricas, e muitos povos que haviam sido forçados a conviver passaram a lutar para conquistar ou reaver territórios. Durante o mesmo século XX, o continente mergulhou em um mar sem fim de guerras e conflitos, muitos deles incentivados e financiados pelas grandes potências que polarizavam a Guerra Fria que caracterizou a segunda metade do século. Até hoje, a região vive as consequências dessas escolhas.

Revisitando o mapa do patrimônio (Figura 3.1), torna-se mais clara a dispersão dos bens no território africano, com alguma predominância dos bens culturais na porção setentrional e dos naturais na porção meridional, bem como de maior incidência mundial de bens ameaçados.

Alguns dos itens presentes no continente africano que constam no Anexo 1 ao final desta obra estão relacionados ao mundo árabe e outros a países europeus, em virtude de enclaves que ainda fazem parte de países da África.

[1] **O reverso da dominação:** É difícil mensurar a quantidade de seres humanos que foram retirados à força da África para trabalhar nas colônias europeias, especialmente nas Américas. Povos subjugados, aos quais foi dispensado um tratamento desumano, caracterizado ora pela subserviência, ora pela resistência (às vezes, pacífica, outras, violenta), mesmo que inócua. Os africanos levados foram obrigados a submeter-se às culturas em que foram "jogados". Ironicamente, o resultado disso, entretanto, foi uma incontestável influência no modo de pensar, falar e agir do novo mundo, extremamente influenciado pela África nas mais diversas manifestações. Musicalmente, por exemplo, é muito difícil isolar qualquer dos gêneros populares do Ocidente das influências vindas do outro lado do Atlântico.

3.1.2 Europa: o modo de fazer ocidental

Ainda que geograficamente a Europa possa ser considerada uma península da massa continental asiática, a importância do continente para a dinâmica global é incomparável. O longo ciclo de colonialismo e o surgimento frequente de grandes impérios de abrangência intercontinental fizeram com que os últimos milênios fossem reflexo do pensamento europeu.

A existência de tribos sem integração que formaram pequenos reinos ao longo do continente abriu espaço para a expansão de impérios belicamente organizados. Diferentemente da África, contudo, esses domínios foram principalmente intracontinentais, com destaque dos romanos, que dominaram a maior porção do continente, expandindo-se para África e Ásia.

A influência do Império Romano pode ter sido um dos principais fatores de criação de um eixo comum aos diversos povos espalhados pelas regiões continentais e insulares da Europa, criando um modo de vida, ainda que distinto, comparável entre as localidades dominadas, o qual favoreceu um estilo político-organizacional que predominou durante muitos séculos. Essa influência formou outros impérios, como o português, o espanhol e o britânico, que se espalharam por todo o mundo conhecido e que influenciam nosso cotidiano (das questões mais complexas às mais triviais) até hoje.

Nas origens do continente, a geografia acidentada e dinâmica gerou isolamento de muitos assentamentos, fato que, por sua vez, formou tribos, clãs, reinos e regiões, os quais, na configuração de mundo atual, foram agrupados em países. Como cada agrupamento se desenvolveu alijado de outras influências, especialmente depois da unidade romana do continente e do fim da *pax romana* – que voltou a tornar perigoso viajar pela região –, uma infinidade de costumes, idiomas, dialetos e manifestações artísticas, folclóricas e religiosas surgiu com pouquíssima aculturação. No entanto, existem semelhanças entre povos, folclores e costumes em regiões limítrofes ou relacionadas entre si. Algumas das principais inter-relações presentes no continente europeu podem ser percebidas pelas correntes linguísticas, religiosas, geográficas e econômicas, entre tantos possíveis conjuntos. Entre as muitas formas de agrupamento das características semelhantes em regiões está a divisão turística, que reunia conjuntos de produtos percebidos como semelhantes pelos visitantes.

A divisão turística proposta por Barrado e Calabuig (2003), por exemplo, separa o continente em Europa Nórdica, Atlântica, Mediterrânea Continental, Mediterrânea Insular, Alpina, Central e Danubiana, além de outras regiões indicadas pelos autores como "confins" da Europa, no intuito de tratar geograficamente de regiões mais semelhantes como destinos turísticos mais próximos entre si.

Em termos de patrimônio, é uma tarefa hercúlea descrever a importância da Europa. Tratar simplesmente da Europa Ocidental, pela suntuosidade de seus palácios e castelos, suas cidades medievais, modernas, contemporâneas, bem como pela exuberância natural litorânea, continental, por suas montanhas, planícies, fiordes, falésias, florestas, vales etc., já seria tema de um livro sobre patrimônio por si só. Incluir o chamado *Leste Europeu*, menos cobiçado turisticamente, mas não menos rico em história e monumentos, duplicaria a tarefa. Não é por acaso que no íntimo de cada pessoa há uma versão idealizada do continente. Seja pelos contos de fadas, seja pelos filmes, seja por relatos de antepassados, a Europa faz parte do imaginário daqueles que desejam realizar viagens internacionais.

De fato, o continente europeu é o mais visitado do globo, recebendo mais da metade do fluxo internacional inter-regional de turistas, que, de acordo com a OMT (United Nations, 2014), ultrapassou a marca de 1 bilhão de pessoas. A oferta cultural e natural tem um apelo inigualável para atrair turistas, e a estrutura voltada às viagens favorece generosamente a atividade.

> A demanda turística interna do continente tem os mais variados propósitos de viagem, incluindo um forte mercado do turismo de sol e mar. No entanto, a grande estrela do continente é a cultura, e o apelo do patrimônio cultural tem um papel de destaque na opção pela Europa, como seria de se supor pela densidade apresentada no mapa da Unesco (Figura 3.1) e pela diversidade da oferta.

A proximidade relativa com os continentes africano e asiático trouxe fortes influências, seja por meio do comércio, seja pela influência religiosa que se alastrou até os extremos da Europa. É importante ressaltar que as distâncias antes da invenção dos grandes meios de transporte e da tecnologia dos grandes barcos a vela eram muito representativas. Contudo, a influência mencionada era bastante marcada, já que a maior parte do que é o território atual da Espanha e todo o território de Portugal faziam parte do Mundo Árabe.

Enquanto a civilização europeia e sua estrutura social engatinhavam após a queda do Império Romano e antes do Renascimento e das Grandes Navegações, o Mundo Árabe que se avizinhava dispunha de sofisticados sistemas de irrigação, conhecimentos de astronomia, medicina avançada, entre tantos outros saberes e tecnologias. Ainda assim, a expulsão dos árabes do continente se deu após a expansão do cristianismo na Europa (religião que representa mais uma influência do Oriente Médio).

3.1.3 Oriente Médio: o berço das religiões

A Europa, conforme mencionado, teve notória influência sobre o pensamento mundial, e muito do que vivemos é reflexo do modo de vida daquele continente. O Oriente Médio, por sua vez, teve forte influência sobre o pensamento europeu. Após a queda do Império Romano no século V, até a Reconquista, concluída no século XV, vastas áreas da Península Ibérica foram ocupadas pelos árabes, organizadas em califados, alguns extremamente desenvolvidos quando comparados a outras regiões do continente europeu que tentavam reerguer-se das investidas bárbaras.

Esses muitos séculos de ocupação (e colonização) influenciaram sobremaneira os modos de vida, os idiomas, a alimentação e a urbanização das cidades portuguesas e espanholas. Podemos afirmar que muito do que entendemos como influência europeia (especialmente nas colônias ibero-americanas) foi, na verdade, influência árabe sobre Portugal e Espanha, hipótese que sugeriria um estudo isolado.

A influência oriental se faz visível em muitas vielas e becos de cidades históricas, que relembram a influência construtiva do conhecimento acerca do controle da insolação e da manutenção do frescor dos edifícios. Os idiomas também refletem muito dessa influência: em vários dos prefixos (como palavras iniciadas por *al* em português) e alguns hábitos sociais e familiares tão arraigados que nem percebemos, como o fato de homens serem menos questionados por seus hábitos sociais em reuniões fora do lar e as filhas mulheres serem mais "preservadas" que os filhos. Até mesmo o uso de instrumentos de corda em músicas populares de origem ibérica tem origem árabe.

No entanto, o maior legado do Oriente Médio para o Ocidente é a dispersão de três das religiões mais populares do Mundo – o judaísmo, o cristianismo e o islamismo (em ordem de surgimento). Também são possivelmente elas as maiores responsáveis pelo turismo receptivo no mundo árabe. Conforme Swarbrooke e Horner (2002, p. 50), essa é a região mais importante de peregrinação no mundo:

- para os muçulmanos, que têm em Meca e Jerusalém lugares altamente sagrados. É provável que o fluxo de visitantes para Meca seja o maior movimento turístico anual e localizado de todo o mundo;
- para os cristãos, que têm as cidades de Nazaré, Belém, Jerusalém e Jericó como as de maior significado religioso;
- para os judeus, que têm Jerusalém como a cidade mais sagrada.

Não surpreende que a grande maioria do patrimônio listado no Oriente Médio seja cultural, grande parte dele ligado à religião ou a lugares de devoção. Uma ressalva deve ser feita ao patrimônio existente no Egito, atualmente um país árabe de maioria muçulmana, onde alguns dos bens mais notáveis são anteriores à ocupação. Alguns deles ferem sensivelmente preceitos do islamismo de não reprodução de figuras vivas, sejam animais, sejam pessoas. Monumentos como a Esfinge são especialmente agressivos à sensibilidade de religiosos mais fervorosos. Em países mais radicais, já houve casos recentes de danos causados a monumentos de outras religiões.

Para além da religião, há um crescente fluxo de turistas para países da Costa Mediterrânea (mormente Marrocos e Tunísia) para fins de sol e praia, além de turismo de negócio e hedonismo em locais como Dubai, nos Emirados Árabes. Ainda assim, no que diz respeito ao patrimônio, o principal destaque da região se deve ao legado religioso.

3.1.4 Ásia e Pacífico: das tradições milenares ao isolamento insular

O legado religioso surge também como traço comum entre algumas destinações asiáticas, ainda que a riqueza do patrimônio dessa região do mundo seja incomensuravelmente valiosa, para além de uma ou outra religião.

A chamada *Região Central da Ásia*, incluindo os Cárpatos, é uma zona de continuidade da influência islâmica e apresenta pouca expressão no que diz respeito ao turismo internacional, tendo alguma relevância na Rota da Seda. As regiões próximas dispõem de atrações, porém, em virtude do tipo de terreno e da instabilidade dessa área do globo terrestre, o turismo internacional não encontra campo fértil para desenvolver-se.

No que diz respeito às barreiras naturais, a Cordilheira do Himalaia representa uma das mais notáveis do planeta, dividindo a região do extremo oriente do subcontinente indiano. Na porção norte da Índia, na divisa com o Paquistão, há ainda forte influência do islamismo. O próprio Taj Mahal, possivelmente o patrimônio indiano mais famoso no mundo, é um mausoléu muçulmano. No entanto, a Índia vai muito além dessa construção, com cidades como Delhi, Jaipur e Udaipur, onde se manifestam sua cultura e diversidade.

Com sua tradição, tamanho e população, a Índia conta com mais de 20 idiomas oficiais, além de centenas de religiões. Entre as mais importantes estão o hinduísmo e o budismo[2], este responsável por um vínculo entre muitos países da Ásia, além de ter adeptos espalhados por todos os continentes. Apesar de menos procurada turisticamente por ocidentais, e em especial brasileiros, o mundo asiático é um dos que mais se desenvolvem nesse setor no mundo, com o protagonismo de alguns grandes emissores, como o Japão, e receptores de turismo, como a China.

O enorme contingente populacional da Ásia, liderado pelos dois países mais populosos do mundo (Índia e China), é também refletido na diversidade do patrimônio. No caso da China, há certo equilíbrio entre atrativos naturais e culturais, mas com predominância destes últimos, resultantes da riqueza histórica do Império Chinês. A riqueza cultural milenar da China é ainda pouco difundida se comparada a outros destinos internacionais, inclusive por limitações de acesso ao país. Ainda assim, atrai turistas das mais diversas origens, numa realidade de crescimento constante do fluxo no país para as principais cidades, como Shangai, Xian e a própria Pequim, tanto para o turismo de negócio como para o turismo cultural.

---

[2] **Religiões relacionadas:** Algumas das mais importantes religiões do mundo têm suas origens vinculadas a outras mais antigas. Assim como o cristianismo tem suas bases no judaísmo, o budismo derivou do hinduísmo. Isso significa que, assim como Jesus Cristo nasceu entre os judeus, Buda nasceu entre os hindus.

> O Japão é detentor de atrativos destacados mundialmente e de uma riqueza cultural única. Seu isolamento e sua longa tradição, aliados à situação geográfica e morfológica das ilhas que compõem seu território, voltam o foco da alimentação ao mar, sendo um dos países com a gastronomia mais difundida internacionalmente.

Por ser um país com alto poder aquisitivo e com uma moeda extremamente valorizada (o Iene), o Japão é um destino caro e destaca-se mundialmente como um dos principais emissores de turistas, inclusive para a região da Oceania, relativamente próxima.

Por sua vez, a Oceania é turisticamente polarizada pela Austrália e pela Nova Zelândia, ambas fortemente voltadas ao patrimônio natural, dada sua jovialidade histórica e exuberância natural. Ambos os países atraem turistas de várias partes do planeta por diversas razões, com destaque para os esportes radicais na Nova Zelândia – em virtude de suas características físicas – e, especialmente, o espírito de seus habitantes.

3.1.5 Américas: a expansão do Velho Mundo

Por fim, as Américas foram a grande extensão do mundo europeu. Desde os descobrimentos até a colonização, o padrão europeu foi imposto aos nativos do continente, alguns dos quais dispunham de sistemas produtivos, culturais e artísticos altamente sofisticados (como os incas, os astecas e os maias, entre tantos outros), que foram completamente subjugados e tiveram seus modos de vida e costumes aniquilados. Os vestígios remanescentes dessas culturas são de tamanho valor que muitos dos bens inscritos na lista da Unesco na América Latina são pré-coloniais. Os bens coloniais não são menos significativos e estão espalhados por todo o continente.

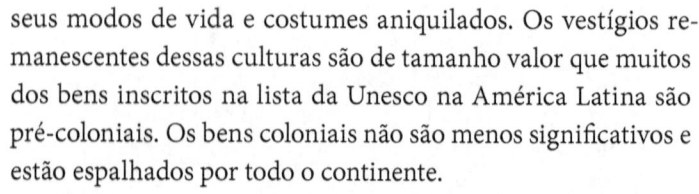

Geologicamente, a América é considerada um único continente. Algumas outras divisões dizem respeito a questões culturais e políticas (como a divisão em América Latina e América do Norte), e outras a aspectos mais regionais, como a divisão usual que se dá por questões geográficas e que separa o continente em América do Norte (incluindo o México, às vezes excluído por sua "latinidade"), América Central e Caribe e América do Sul.

As grandes porções territoriais estão no Norte e no Sul, sendo a parte continental da América Central praticamente um istmo entre elas. No entanto, esse pedaço do continente, junto com o conjunto insular espalhado pelo mar do Caribe, tem uma grande representatividade referente ao patrimônio, seja pela riqueza pré-colombiana, seja por ter sido a região onde Colombo aportou pela primeira vez, fato que é considerado por historiadores como o primeiro contato entre europeus e nativos americanos – ainda que já se conheçam registros seguros de que mais de 500 anos antes os *vikings* já haviam chegado ao Canadá, na Terra Nova, por eles chamada de *Vinland*, acontecimento que, porém, não mudou os rumos do continente.

Há diferenças físicas e climáticas brutais entre as regiões da América – dos extremos gelados do Canadá (ao Norte) à Argentina e ao Chile (ao Sul), regiões interligadas por uma espinha dorsal mais próxima do Pacífico que do Atlântico, chamada *Andes* ao Sul e *Rochosas* ao Norte.

Além disso, entre grandes florestas chuvosas e o deserto mais seco do mundo, cidades imensas e densidades demográficas beirando o zero, o continente americano apresenta uma diversidade imensa de povos, que demonstram uma riqueza cultural e natural extremamente diversificada. Pouco restou dos idiomas nativos e do modo de vida não europeu, mas o sincretismo gerou culturas diversificadas – representadas na lista mundial disponível no Anexo 1 desta obra – por meio de bens culturais (tangíveis e intangíveis) e naturais ao longo de todo o continente.

Turisticamente, a América do Norte é dominada pelos Estados Unidos, especialmente no que diz respeito ao turismo interno desse país e ao turismo emissivo, sendo, contudo, um dos principais receptores de turistas internacionais do mundo. O México e a região do Caribe destacam-se internacionalmente como destinos muito procurados, assim como Peru e Argentina, na América do Sul.

Em todos os locais citados, em todas as regiões do planeta, há um número imenso de lugares de interesse turístico, alguns com tamanha singularidade que são patrimônio da humanidade. Não há dúvida de que o patrimônio desempenha um papel importante na configuração do produto turístico de qualquer país, ainda que alguns tenham maior poder de atrair turistas que outros.

Síntese

A divisão continental é bastante usual, mas nem sempre representa as diferenças e as semelhanças entre países ou entre o que se pretenda destacar destes. Organizações como Unesco e OMT apresentam divisões específicas e baseiam suas atividades em suas características. De acordo com cada região, existem particularidades que criam características e produtos turísticos, que, por sua vez, vão ao encontro de demandas turísticas específicas.

> **PARA SABER MAIS**
>
> RODRIGUES, L.; ENGE, B. Manual do turista brasileiro. São Paulo: Aleph, 2000.
>
> Essa publicação lamentavelmente não tem sido reeditada, mas cumpriu durante um bom período a função de desmistificar destinos desejados por brasileiros. Dispõe de textos agradáveis e bem escritos que, mesmo um pouco defasados, apresentam um bom começo para entender outras partes do mundo.

Questões para revisão

1. Leia as afirmações, verifique se são verdadeiras ou falsas e, em seguida, assinale a alternativa que contém a sequência correta:
   I. A divisão do planeta em continentes não considera, em alguns casos, as diversidades culturais.
   II. A Unesco divide suas regiões de forma estritamente geográfica, de acordo com os continentes.
   III. A Europa é a região onde há proporcionalmente o maior número de bens naturais.
   a. Verdadeira; verdadeira; verdadeira.
   b. Falsa; falsa; falsa.

c. Verdadeira; falsa; falsa.
   d. Falsa; falsa; verdadeira.

2. Qual país apresenta o maior número de bens declarados como patrimônio mundial?
   a. China.
   b. Estados Unidos.
   c. Itália.
   d. Austrália.

3. Assinale a alternativa que corresponde, de forma correta, à região da coluna da esquerda com sua respectiva descrição, na coluna da direita:

1	Ásia e Pacífico	A	Seu maior legado é a dispersão de três das religiões mais populares do mundo — o judaísmo, o cristianismo e o islamismo, em ordem de surgimento.
2	Oriente Médio	B	Continente mais visitado do globo, recebendo pouco mais da metade do fluxo internacional inter-regional de turistas.
3	Europa	C	Interligadas por uma espinha dorsal mais próxima ao Pacífico que o Atlântico, chamada *Andes* ao Sul e *Rochosas* ao Norte.
4	Américas	D	A Cordilheira do Himalaia representa uma das barreiras naturais mais notáveis do planeta, dividindo a região do extremo oriente do subcontinente indiano.

   a. 1-A; 2-B; 3-C; 4-D.
   b. 1-D; 2-A; 3-B; 4-C.
   c. 1-B; 2-C; 3-D; 4-A.
   d. 1-C; 2-A; 3-B; 4-D.

4. Em qual região fica Israel, de acordo com a divisão proposta pela Unesco?

5. Austrália e Nova Zelândia estão mais relacionadas ao patrimônio cultural ou natural?

Questão para reflexão

1. Como as religiões influenciam na construção do patrimônio e na determinação dos fluxos turísticos? Nosso país também é influenciado turisticamente pelas religiões? Justifique sua resposta.

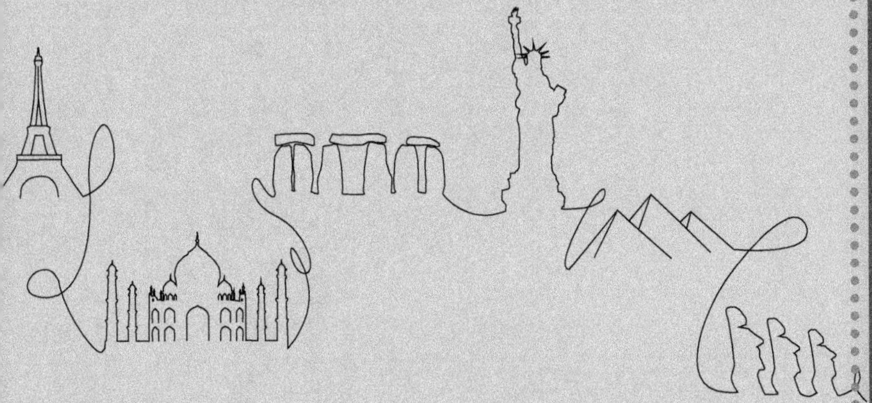

ual.*

CARACTERIZAÇÃO DO PATRIMÔNIO E SUA RELAÇÃO COM A ATIVIDADE TURÍSTICA MUNDIAL*

*Este capítulo compõe o estudo de caso desenvolvido para esta obra.

CAPÍTULO 4

CONTEÚDOS DO CAPÍTULO

→ Exemplos aplicados de bens da França, Estados Unidos, China, Espanha, Itália, Turquia, Alemanha, Reino Unido, Rússia, Malásia, Egito e África do Sul listados na Organização das Nações Unidas para a Educação, a Ciência e a Cultura (Unesco).

APÓS O ESTUDO DESTE CAPÍTULO, VOCÊ SERÁ CAPAZ DE:

1. reconhecer os bens listados como patrimônio da humanidade nos países mais visitados por turistas estrangeiros além de mais dois complementares.

A relação do patrimônio com a atividade turística é tão antiga quanto o próprio surgimento dos conceitos de *patrimônio* no contexto da Revolução Francesa. A própria Organização das Nações Unidas para a Educação, a Ciência e a Cultura (Unesco) dispõe de um programa de turismo sustentável (Unesco, 2014r) que, de acordo com a entidade, reúne, no âmbito da destinação, o planejamento integrado do patrimônio e do turismo, valorizando os bens naturais e culturais por meio do desenvolvimento do turismo apropriado. A instituição ainda ressalta que o Centro do Patrimônio Mundial desempenha um papel ativo no auxílio aos administradores dos sítios no que se refere à aplicação dessas medidas de turismo sustentável e na conclusão de estudos sobre os impactos que projetos de desenvolvimento turístico podem trazer aos bens.

A relação entre o patrimônio mundial e o turismo é, portanto, bastante visível e, conforme mencionamos anteriormente, até incentivada. A relação que pretendemos apresentar é baseada no cruzamento de duas fontes. Inicialmente, investigamos por meio de dados da Organização Mundial do Turismo (OMT) os principais países receptores de turistas estrangeiros. Pelo *ranking* da OMT, os maiores receptores de turismo, no ano de 2013, foram, em ordem, França, Estados Unidos, China, Espanha, Itália, Turquia, Alemanha, Reino Unido, Rússia e Malásia.

Em um segundo momento, fizemos um cruzamento preliminar, pelo qual identificamos que, dos dez citados, cinco lideram o *ranking* de quantidade de bens declarados em seu território (Itália, 49; China, 45; Espanha, 44; França e Alemanha, 38 cada). Sete dos países encontram-se inteiramente ou em parte (Rússia e Turquia fazem parte de dois continentes) na Europa – continente que lidera o *ranking* de patrimônios declarados e de turismo.

Muitas outras deduções poderiam ser conduzidas acerca desses cruzamentos. No mínimo, podemos afirmar que há afinidade entre os temas e que países e locais onde existem bens declarados recebem um incentivo a mais para o desenvolvimento do turismo.

A fim de exemplificar essa relação, procedemos a seguir à apresentação de uma listagem de bens relacionados nos países que lideram o *ranking* de receptores de turismo, incluindo, no final, um país de cada região que não se fez presente nessa lista (África e Oriente Médio).

4.1 Exemplos de bens notoriamente ligados à atividade turística[1]

A existência de bens declarados como patrimônio mundial em determinado país não garante por si só um fluxo de turistas. No entanto, como foi mencionado na introdução do capítulo, a relação entre o número de visitantes estrangeiros e de bens declarados é curiosamente proporcional.

Os bens apresentados a seguir foram selecionados com base em dois critérios. O primeiro deles diz respeito às características notoriamente turísticas do patrimônio e da região; o segundo, por sua vez, tem relação com os critérios que justificam a inscrição do bem, buscando exemplificar, turisticamente, o maior número possível de critérios em bens de países diversificados.

[1] Todos os bens são descritos de acordo com o padrão utilizado no *site* da Unesco, com tradução e adaptação textual nossa. Como afirmamos anteriormente, utilizamos como fonte exclusiva o *site* da Unesco, que lista os bens inscritos de acordo com o(s) país(es) a que pertence(m).

4.1.1 França

A França é um dos países mais visitados por estrangeiros no mundo. Seu vínculo com a Unesco iniciou-se em 27 de junho de 1975, quando aceitou oficialmente a Convenção para a Proteção do Patrimônio Mundial, Cultural e Natural (Brasil, 2014b). Além de vários bens que ainda aguardam ser declarados, o país conta com 38 bens listados pela Unesco – 3 naturais, 1 misto e 34 culturais.

O bem escolhido para representar o país nesta obra é o Vale do Loire, entre Sully-sur-Loire e Challone (Ref.: 933), inscrito em 2000, localizado entre as coordenadas N47 23 56.004 E0 42 10.008. A propriedade apresenta uma área de 85.394 ha, além da zona de amortização de 208.934 ha.

Crédito: Fotolia

Figura 4.1 – Vale do Loire

Justificativa da inscrição

Critérios: (i) (ii) (iv)

- Critério (i): O Vale do Loire é notável pela qualidade de seu patrimônio arquitetônico, por suas cidades históricas, como Blois, Chinon, Orléans, Saumur e Tours, mas em particular por seus castelos mundialmente famosos, como o Château de Chambord.
- Critério (ii): O Vale do Loire é uma paisagem cultural marcante ao longo de um rio de grande importância, que abriga o testemunho de um intercâmbio de valores humanos e um harmonioso desenvolvimento de interações entre seres humanos e seu ambiente por mais de dois milênios.
- Critério (iv): A paisagem do Vale do Loire e, mais particularmente, seus muitos monumentos culturais ilustram o nível excepcional dos ideais do Renascimento e do Iluminismo no pensamento e no *design* europeu ocidental.

Descrição

O Vale do Loire representa uma paisagem cultural extraordinária, de grande beleza, contendo cidades e vilas histórias, grandes monumentos arquitetônicos (os *chateaux*) e terras cultivadas por séculos de interação entre sua população e o meio ambiente físico, a começar pelo próprio Rio Loire.

Na maior parte de sua extensão no sítio do patrimônio mundial, o Loire está confinado em diques. Suas margens são igualmente pontuadas de vilarejos e cidades com intervalos de poucos quilômetros. Destacados entre os assentamentos urbanos (de Nordeste a Sudoeste) estão Sully, Orléans, Blois, Amboise, Tours, Saumur e Angers. O uso do solo é extremamente variado: de densidade urbana, passando por horticultura e vinhedos até florestas de caça.

O impacto romano na paisagem foi massivo, influenciando a locação de assentamentos, formas urbanas e comunicação entre estradas até os dias atuais (o Loire foi uma das "artérias" mais importantes para comunicação e comércio na Gália). No Império Romano tardio, St. Martin, bispo de Tours, fundou uma abadia em Marmoutier por volta de 372 d.C. que serviria de modelo para muitos outros assentamentos monásticos no Vale do Loire nos séculos seguintes.

O Santuário em Tours foi um dos mais importantes centros de peregrinação na Europa, até ser superado por Santiago de Compostela, na Espanha. O Vale foi também uma zona fronteiriça durante a Guerra dos Cem Anos e cenário de muitos confrontos entre ingleses e franceses. Os castelos foram reconstruídos e expandidos para virarem fortalezas, os precursores dos atuais *chateaux*.

Em virtude da ameaça constante a Paris por parte dos ingleses, a corte real francesa passava muito tempo em Tours. Com o fim da guerra, em meados do século XV, o Vale tornou-se o lugar ideal para o humanismo e para a Renascença que se radicou na França, fato que envolveu o desmantelamento das fortificações medievais e sua reconstrução em forma de palácios para prazer e recreação. Já nos séculos XVII e XVIII, desenvolveu-se uma economia comercial secular, baseada na indústria, nas artes, no comércio, na navegação, no rio e nas vilas, ao longo do sobrevivente feudal do *Ancien Régime* (Antigo Regime).

4.1.2 Estados Unidos

Os Estados Unidos são, notadamente, um dos países mais organizados turisticamente no mundo e, em número de visitantes, é o segundo no *ranking* apresentado. Ratificou a Convenção já na sua criação, em 1972 e desde então é um Estado-membro. Conta com 21 bens na lista, com superioridade numérica dos bens naturais, como é característica dos novos continentes. Desses bens, 8 são culturais, 1 é misto e 12 são naturais, entre os quais se encontra 1 ameaçado.

Como exemplo de patrimônio estadunidense, optou-se por um símbolo muito conhecido da maior cidade do país, Nova Iorque – a Estátua da Liberdade (Ref.: 307), localizada entre as coordenadas N40 41 22 e W74 2 41. A inscrição do bem data de 1984. O patrimônio ocupa uma área de 5,00 ha.

Figura 4.2 – Estátua da Liberdade

Justificativa da inscrição

Critérios: (i) (vi)

- **Critério (i):** Essa estátua colossal é uma obra-prima do espírito humano. A parceria entre o escultor Frédéric Auguste

Bartholdi e o engenheiro Gustave Eiffel resultou na produção de uma maravilha tecnológica que junta arte e engenharia de uma forma nova e poderosa.

- Critério (vi): O valor simbólico da Estátua da Liberdade reside basicamente em dois fatores. Ela foi presenteada pela França com a intenção de afirmar a aliança histórica com os Estados Unidos. Foi também financiada por subscrição internacional em reconhecimento ao estabelecimento dos princípios de liberdade e democracia declarados pelos Estados Unidos, símbolo que a estátua segura em sua mão esquerda. Ela logo depois se transformou em um símbolo da migração de pessoas de muitos países no fim do século XIX e início do XX e segue extremamente potente, inspirando contemplação, debate e protesto de ideais como liberdade, paz, direitos humanos, abolição da escravatura, democracia e oportunidade.

Descrição

Entre 1870 e 1900, a população dos Estados Unidos passou de 38,5 milhões de habitantes para 76 milhões de habitantes. Esse crescimento extraordinário foi fundamentalmente responsabilidade do processo migratório, que atingiu um ápice sem precedentes naquela época.

Entre 1840 e 1880, quase 10 milhões de estrangeiros aportaram nos Estados Unidos, entre os quais estavam britânicos, alemães, irlandeses e escandinavos. Entre 1880 e 1940, essa marca ultrapassou 22 milhões de imigrantes vindos principalmente de regiões do sul e do leste da Europa. Foi nesse contexto que se encomendou a Estátua da Liberdade, feita em Paris pelo escultor Frédéric-Auguste Bartholdi em parceria com o engenheiro Gustave Eiffel, que concebeu e executou o esqueleto metálico da estrutura interna. O "envelope" externo foi composto de placas de bronze, marteladas em moldes de madeira rígida a partir de moldes de gesso. Essas placas foram soldadas e rebitadas juntas. Depois que Bartholdi pré-fabricou a figura em Paris, moldando folhas de cobre sobre a estrutura de aço, a obra foi embarcada de navio para os Estados Unidos em 241 engradados, no ano de 1885.

A Estátua da Liberdade iluminou o mundo. Ela foi projetada com a intenção de presentar os Estados Unidos pelo centenário de sua independência em 1876 e também em reconhecimento à amizade estabelecida entre a França e os Estados Unidos durante a Revolução Americana. Seu projeto e sua construção foram reconhecidos na época como uma das grandes conquistas técnicas do século XIX, sendo considerada uma ponte entre a engenharia e a arte.

Do topo de seu pedestal – projetado pelo notável arquiteto americano Richard Morris Hunt – em uma ilha à entrada do porto de Nova York, a estátua deu as boas-vindas a milhões de imigrantes que chegaram pelo mar aos Estados Unidos.

Sua construção associa-se a um feito de significância universal, que é o povoamento dos Estados Unidos – o caldeirão étnico em que povos tão díspares passaram a habitar na segunda metade do século XIX. O fato de ter sido financiada por quotas voluntárias internacionais e feita na Europa por um escultor francês reforça o interesse simbólico de reconhecido valor mundial.

Essa estátua, uma mulher de 46 m segurando um livro e empunhando uma tocha, instalada na Ilha da Liberdade, foi dedicada em 28 de outubro de 1886 e designada como monumento nacional em 15 de outubro de 1924. Em 8 de setembro de 1937, a jurisdição foi aumentada a fim de incorporar toda a Ilha Bedloe, em 1956.

Com o nome oficial de *A Liberdade Iluminando o Mundo*, a Estátua da Liberdade foi amplamente restaurada a tempo do espetacular centenário da independência americana, que simboliza os ideais de Washington e Lincoln. Como um símbolo dedicado à liberdade, continua inspirando povos mundo afora.

4.1.3 China

A China é o país mais populoso do mundo e o terceiro em extensão territorial. Além disso, agrega algumas das mais antigas culturas presentes na Terra, característica que, somada à sua posição geográfica, confere-lhe muita atratividade para o turismo e a coloca em terceiro lugar no turismo receptivo internacional no mundo.

O país ratificou a Convenção do Patrimônio somente em 1985 e conta com um dos maiores acervos declarados, somando ao todo 45 bens, além da lista dos que aguardam avaliação. Desses 45, 10 são naturais, 4 são mistos e 31 são culturais.

O bem mais emblemático internacionalmente, escolhido para representar o país, é a Grande Muralha (Ref.: 438), cuja localização abrange uma área imensa em decorrência de seus mais de mais 3.000 km originais, incluindo municípios, províncias e regiões autônomas de Liaoning, Jilin, Hebei, Beijing, Tianjin, Shanxi, Inner Mongolia, Shaanxi, Ningxia, Gansu, Xinjiang, Shandong, Henan, Hubei, Hunan, Sichuan e Qinghai, entre as coordenadas N40 25 0.012 E116 4 59.988.

Sua inscrição data de 1987, e a área declarada apresenta nada menos que 2.152 ha, com uma zona de amortização de 4.801 ha.

Crédito: Fotolia

Figura 4.3 – A Grande Muralha

Justificativa da inscrição

Critério(s): (i) (ii) (iii) (iv) (vi)

Valor Universal Extraordinário

- Critério (i): A Grande Muralha Ming representa, não somente por seu caráter ambicioso, mas também pela perfeição de sua construção, uma obra-prima inquestionável. A Muralha da China representa, na vasta escala de um continente, um exemplo perfeito de arquitetura integrada à paisagem.
- Critério (ii): Durante o período Chunqiu, os chineses impuseram seus modelos de construção e organização do espaço, consolidando o trabalho de defesa na fronteira setentrional, o que favoreceu a expansão do modo de vida chinês em virtude da necessidade de transferência populacional relacionada à construção da muralha.
- Critério (iii): A Grande Muralha abriga testemunho excepcional de civilizações antigas chinesas, ilustrado tanto nos trechos de fortificação ocidental de taipa datados do Império Han, conservados na província de Gansu, como pelo admirável e universalmente aclamado trabalho de alvenaria do período Ming.
- Critério (iv): Esse bem cultural complexo e diacrônico é um exemplo extraordinário e único de conjunto arquitetônico militar que serviu como um único propósito estratégico por 2 mil anos, mas cuja história construtiva ilustra avanços sucessivos em técnicas de defesa e adaptação a contextos de mudanças políticas.

- Critério (vi): A Grande Muralha tem um significado simbólico incomparável na história da China. Sua função era não só a de proteger o país contra agressões externas, mas também de preservar sua cultura dos costumes de estrangeiros bárbaros. Em razão de sua construção ter provocado muita dor, ela é uma das referências essenciais na literatura chinesa, sendo encontrada em trabalhos como *A balada do soldado*, de Tch'en Lin (em 200 d.C.), ou os poemas de Tu Fu (712-770 d.C.) e as populares novelas do período Ming.

Descrição

A Grande Muralha foi construída continuamente do século III a.C. ao XVII d.C., na fronteira setentrional do país, como projeto militar de defesa de sucessivos impérios chineses, com um comprimento total de 20.000 km. Inicia no Leste, em Shanhaiguan, na província de Hebei, e termina em Jiayuguan, na província de Gansu, no Oeste. Seu corpo principal consiste de muros, trilhas de cavalos, torres de observação e abrigos, incluindo fortes e passagens ao longo da muralha.

A Grande Muralha reflete colisões e trocas entre civilizações agrícolas nômades na China Antiga. Além disso, ela evidencia um pensamento estratégico de longo prazo e poderosas forças militares e nacionais de impérios chineses antigos. É, ainda, um exemplo excepcional da arquitetura militar, arte e tecnologia sublime da China Antiga e incorpora uma importância incomparável como símbolo nacional de salvaguarda da segurança do país e de seu povo.

Conhecida pelos chineses como *Longa Muralha de Dez Mil Li*, as formidáveis estruturas de defesa construídas para manter distante a invasão do Império Celestial por bárbaros é chamada de *A Grande Muralha* ou *Muralha da China*.

O princípio dessas extraordinárias fortificações remonta ao período Chunqiu (722-481 a.C.) e ao período dos Reinos Combatentes (453-221 a.C.). A construção de alguns muros pode ser explicada pelos conflitos feudais, tal como o que foi construído por Wei, em 408 a.C., para defender o seu reino contra os Qin. Seus vestígios, conservados no centro da China, antecipam em muitos anos os muros construídos nos Reinos de Qin, Zhao e Yan contra os bárbaros do Norte, por volta de 300 a.C.

Começando em 220 a.C., Qin Shi Huang, o fundador do Império das 10 mil gerações, comprometeu-se a restaurar e ligar as partes separadas da Grande Muralha que haviam sido construídas no século III a.C., ou quiçá ainda antes, a qual se estendia da região dos Ordos até a Manchúria.

No sentido oeste, Qin Shi Huang estendeu as fortificações que definiram o primeiro sistema de defesa coeso (cujos vestígios significativos ainda existem) do Vale do Huanghe até o Lanzhou, pouco antes da ascensão da dinastia Han (206 a.C.). Durante seus reinados, a Grande Muralha foi ampliada ainda mais e, sob o domínio de Wudi (140-87 a.C.), atingiu cerca de 6.000 km, entre Dunhuang, a Oeste, e o mar Bohai, a Leste.

O perigo da incursão dos federados mongóis, Turks e Tunguz, ao Norte intensificou a necessidade da política de defesa. Depois da queda da dinastia Han (220 d.C.), a Grande Muralha entrou em seu período medieval e o poderio bélico chinês reduzia a sensação de necessidade da obra. Foram então os imperadores Ming (1368-1644) que construíram 5.650 km de muralhas, depois de um longo período de conflito que culminou com a expulsão dos mongóis.

Atualmente, a Grande Muralha preserva a integridade material e espiritual por meio de elementos históricos e culturais de valor universal, em um trajeto completo de 20.000 km cuja autenticidade e importância, por sua vulnerabilidade, inviabilizam a construção de estruturas turísticas.

4.1.4 Espanha

A Espanha é um país com enorme vocação turística e que faz da atividade uma prioridade nacional. Conta com um acervo cultural riquíssimo, que supera, em termos de bens declarados, sua diversidade natural. Aceitou a Convenção do Patrimônio em 1982 e dispõe de 44 bens listados – 3 naturais, 2 mistos e 39 culturais.

É um país muito diversificado, que abriga culturas e povos muito peculiares, como os catalães, dos quais se buscou a representação da genialidade por meio das obras de Antoni Gaudí (Ref.: 320bis). Estas estão localizadas na Catalunha, nas coordenadas N41 24 48.168 E2 9 10.699, tendo como data de inscrição 1984, e estão espalhadas por uma área de 2.005 ha.

Figura 4.4 – Obra de Gaudí

Crédito: Fotolia

Justificativa da inscrição

Critérios: (i) (ii) (iv)

- **Critério (i):** A obra de Antoni Gaudí representa uma contribuição excepcional para o desenvolvimento da arquitetura e da tecnologia de construção do final do século XIX e início do século XX.
- **Critério (ii):** Gaudí exibe um intercâmbio importante de valores associados de perto com as correntes culturais e

artísticas de seu tempo, conforme representado no modernismo da Catalunha. Seu estilo antecipou e influenciou formas e técnicas que foram importantes para a construção no século XX.
- **Critério (iv)**: O trabalho de Gaudí representa uma série de exemplares excepcionais de tipologias construtivas na arquitetura residencial e pública do início do século XX, sendo um exemplo notável e bem conservado do ideal das cidades-jardim sonhadas pelos urbanistas do século XIX.

Descrição

Gaudí nasceu em 1852, em Reus, uma pequena cidade ao sul de Barcelona, e faleceu em um acidente de trânsito em 1926. O contexto intelectual da Catalunha de seu tempo foi o modernismo, que teve início por volta de 1880 e se estendeu até a Primeira Guerra Mundial. Esse movimento conviveu com correntes como o naturalismo, artes e ofícios e *art nouveu*, sendo motivado pelo retorno a tradições como a expressão da identidade nacional, bem como pela introdução de técnicas e materiais modernos, tendo, assim, diferentemente de outros estilos, muito apelo popular.

O trabalho de Gaudí representa a genialidade do arquiteto, expressando qualidades espaciais e plasticidade nas linhas onduladas, assim como harmonia entre cores e materiais nas fachadas e nos elementos esculpidos. Além da principal obra que assumiu, A Sagrada Família, que foi iniciada pelo arquiteto Francisco de Paula del Villar em 1882, em estilo neogótico, e na qual trabalhou até seus últimos dias (foi bastante alterada por Gaudí e segue em construção até os dias atuais), seu primeiro trabalho independente foi uma residência suburbana: a Casa Vicens.

Gaudí projetou também o Parque Güell, em Barcelona. Trata-se de uma cidade-jardim de 60 lotes, com detalhes que demonstram a florescência criativa do ecletismo do final do século XIX. Em 1887, o artista foi convidado a planejar o novo Palácio Episcopal de Astorga e posteriormente realizou a restauração da Catedral de Palma de Mallorca, La Seu.

A obra de Gaudí ainda inclui a Casa de Botines (1892), a Casa Calvet (1898), a vila residencial de Figueiras ou Casa Bellesguard (1900) e a Casa Batlló (1904-1907), uma residência urbana em Barcelona.

4.1.5 Itália

A Itália é um país cujo vínculo com a cultura é muito forte e motiva a visitação anual de milhões de pessoas. O país ratificou a Convenção do Patrimônio em 1978 e conta com o maior acervo cultural declarado de todo o mundo. São 49 bens listados, dos quais 4 são naturais e 45 são culturais. Com uma enorme diversidade, é extremamente difícil optar por um bem que represente o país, mas buscou-se um ícone turístico incontestável: Veneza e sua lagoa (Ref.: 394), esta última localizada na Província de Veneza, região do Vêneto, com coordenadas N45 26 3.5 E12 20 20.2. Foi inscrita em 1987.

Figura 4.5 – Grande canal de Veneza

Justificativa da inscrição

Critérios: (i) (ii) (iii) (iv) (v) (vi)

- Critério (i): A ocupação das ilhas e a transformação do ambiente que originou Veneza representam um dos melhores exemplos do gênio criativo da humanidade.
- Critério (ii): Tanto como assentamento humano como urbanização e técnicas construtivas, o conjunto urbano de Veneza não encontra similares em qualquer lugar do mundo, sendo um representante único.
- Critério (iii): O entroncamento cultural entre Ocidente e Oriente resultou na consolidação de Veneza como o centro de uma civilização que se iniciou no século V e no ano 1000 já dominava toda a região Dálmata.
- Critério (iv): A capacidade construtiva e o estilo veneziano influenciaram as construções na Europa e no mundo no último milênio.
- Critério (v): A interação do povo com o meio ambiente é notória nessa cidade que atravessa séculos convivendo com seu ambiente lagunar e ampliando a ocupação do arquipélago que originou sua fundação.
- Critério (vi): A cidade como um todo é uma obra-prima arquitetônica, e até o menor prédio contém obras dos maiores artistas do mundo, tais como: Giorgione, Ticiano, Tintoretto, Veronese e outros.

Descrição

Veneza é uma realização artística ímpar. A cidade é construída sobre 118 ilhas e parece flutuar sobre a lagoa. Sua influência sobre a arquitetura e as artes monumentais é marcante, apresentando conjuntos arquitetônicos incomparáveis que ilustram a idade de seu esplendor. Esse conjunto, não bastasse sua importância, une-se à ocupação urbana cuja necessidade de adaptação aos limites do local é também única.

Nessa lagoa, natureza e história se unem intimamente desde o século V, quando a população veneziana encontrou refúgio nas ilhas arenosas de Torcello, Jesolo e Malamocco, escapando assim dos bárbaros. Os assentamentos temporários passaram a permanentes e a Ilha de Rialto foi escolhida para sede da nova cidade.

No ano 1000, Veneza controlava a Costa Dálmata. Em 1204, aliou-se aos cruzados na captura de Constantinopla, e os frutos do saque ao Império Bizantino trouxeram vasta riqueza ao Doge Enrico Dandolo, cujo império marítimo se estendeu por todo o leste do Mediterrâneo até o Mar Jônico e Creta. Durante todo o período de expansão, ao longo dos séculos em que foi obrigada a defender sua posição comercial de árabes, genoveses e otomanos, bem como combater a inveja de outros reinos europeus, Veneza nunca perdeu seu posto de supremacia na lagoa e seu simbólico casamento com o mar. Nesse espaço surreal, onde não há concepção de terra firme, obras-primas de um dos mais notáveis museus arquitetônicos do planeta vêm se acumulando por mais de um milênio.

4.1.6 Turquia

Junção de dois continentes, berço de muitas civilizações e de celebridades históricas, a Turquia é um eminente destino turístico.

Ratificou a Convenção do Patrimônio em 1983 e tem atualmente 11 bens listados, ainda que seu potencial aponte para um número bem maior nos próximos anos. Dos patrimônios elencados, apenas 2 são mistos e 9 são culturais.

Como a cidade de Istambul, antiga sede do Império Bizantino, guarda muito da memória de inúmeros acontecimentos históricos, optou-se por exemplificar a Turquia pelas áreas históricas dessa cidade (Ref.: 356). A localização do bem é a própria cidade e a Província de Istambul, nas coordenadas N41 0 30.492 E28 58 47.748. A área foi inscrita em 1985 e conta com 678 ha.

Crédito: Fotolia

Figura 4.6 – Interior da Basílica de Santa Sofia (Hagia Sophia)

Justificativa da inscrição

Critérios: (i) (ii) (iii) (iv)

Valor Universal Extraordinário

- Critério (i): As áreas históricas de Istambul incluem monumentos reconhecidos como obras-primas singulares dos períodos bizantino e otomanos tais como: Hagia Sophia (Basílica de Santa Sofia), desenhada por Anthemios de Tralles e Isidoro de Miletus entre 532 e 537, e o complexo da Mesquita Süleymaniye (Solimão), projetado pelo arquiteto Sinan entre 1550 e 1570.
- Critério (ii): Ao longo da história, os monumentos em Istambul influenciaram consideravelmente o desenvolvimento da arquitetura, das artes monumentais e a organização do espaço, tanto na Europa como no Oriente Próximo. Os exemplos vão desde a arquitetura bélica, como de Teodósio II, até a arquitetura religiosa, como Hagia Sophia, que influenciou um estilo de igrejas, de mesquitas, até os mosaicos dos palácios e igrejas de Constantinopla, influenciando as artes ocidental e oriental.
- Critério (iii): Istambul contempla testemunho singular das civilizações bizantina e otomana por meio de seu grande número de bons exemplos de construções com trabalhos artísticos associados, incluindo fortes, igrejas e palácios com mosaicos e afrescos, cisternas monumentais, tumbas, mesquitas, escolas religiosas e banhos públicos. As residências ao redor dos maiores monumentos religiosos nos bairros de Süleymaniye e Zeyrek oferecem amostras excepcionais sobre o padrão urbano otomano tardio.

→ Critério (iv): A cidade é um conjunto de monumentos e técnicas arquitetônicas extraordinários, que ilustram fases distintas da humanidade. Em especial o Palácio de Topkapi, o complexo da Mesquita de Süleymaniye (incluindo os alojamentos de caravanas, madrasa, escola de medicina, banhos, hospício e tumbas imperiais) que representam conjuntos religiosos e palácios do período otomano.

Descrição

Com localização estratégica na Península de Bósforo, entre os Bálcãs e a Anatólia, o Mar Negro e o Mediterrâneo, Istambul foi, sucessivamente, capital do Império Romano do Oriente, do Império Bizantino e do Império Otomano. Esteve associada com grandes eventos da história política religiosa e artística por mais de 2 mil anos. Por ser um porto natural, a cidade era guarnecida por muros originalmente construídos por Teodósio, já no início do século V.

O valor excepcional de Istambul reside na integração singular entre obras-primas arquitetônicas que refletem o encontro entre Europa e Ásia, ao longo de muitos séculos, bem como em sua linha do horizonte, característica e distinta, resultante da criatividade de arquitetos bizantinos e otomanos. Entre os destaques visíveis estão Hagia Sophia, o complexo da Mesquita de Süleymaniye, o complexo da Mesquita de Sehzade, trabalhos do arquiteto-chefe Sinan, que refletem o clímax da arquitetura otomana nos séculos XVI e XVII, a Mesquita Azul e os estreitos minaretes da Mesquita Nova, construída próxima ao porto em 1664.

As áreas da propriedade são o Parque Arqueológico, na ponta da península histórica, o bairro Süleymaniye, com o complexo da Mesquita Süleymaniye, o bazar e o assentamento local, a região de Zeyrek, próximo à mesquita, e a área ao longo da parede de terra de Teodósio, incluindo vestígios do Palácio Blachernae.

Com reconhecida fragilidade, a área civil e a dos monumentos de Istambul têm sido acompanhadas com a finalidade de conservação ou restauração (nos casos em que haja necessidade) pelas autoridades nacionais e locais. O arranjo construtivo e o horizonte da Península Histórica continuam a representar um excepcional valor universal, mas a possibilidade de expandir esse valor ao contexto marítimo deve garantir que não haja danos ao conjunto já declarado.

4.1.7 Alemanha

A Alemanha é um país marcante nos contextos turístico, cultural e econômico da Europa. Sede de 39 dos patrimônios da humanidade listados na Unesco, possui 3 bens naturais e 36 culturais. Antes mesmo de ser consolidada em um país nos moldes atuais, a região já abrigava vários povos genericamente chamados *germânicos*, que se relacionavam, pacificamente ou não, com outros que habitavam o continente.

Optou-se por representar essa relação apresentando o Vale do Alto Médio Reno (Ref.: 1066), localizado nos Estados de Rheinland-Pfalz e Hessen, entre as coordenadas N50 10 25 E7 41 39. O bem foi inscrito em 2002 e estende-se por uma área de 27.250 ha, com uma zona de amortização de 34.680 ha.

Figura 4.7 – Cidade de Bacharach

Justificativa da inscrição

Critérios: (ii) (iv) (v)

- **Critério (ii):** Por ser uma das rotas de transporte mais importantes da Europa, o Alto Médio Reno propiciou durante dois milênios o intercâmbio cultural entre as regiões Mediterrânea e Norte.
- **Critério (iv):** O Vale do Alto Médio Reno é uma paisagem cultural extraordinária. O caráter atual que a determina, tanto no sentido geomorfológico como no geológico e assim

como as intervenções humanas, de assentamentos, infraestrutura e transporte e uso do solo têm se integrado ao longo de 2 mil anos.

- Critério (v): O Vale do Alto Médio Reno é um exemplo fabuloso da evolução do modo tradicional de vida e de comunicação em um vale de rio estreito. A terraplanagem de suas margens íngremes, em particular, moldou a paisagem de muitas maneiras por mais de dois milênios. Contudo, esse modo de uso do solo está ameaçado pela pressão socioeconômica dos dias atuais.

Descrição

A localização estratégica do percurso de 65 km de extensão do Vale do Alto Médio Reno entre Bingen, Rüdesheim e Koblenz como artéria de transporte e a prosperidade que é engendrada se refletem em suas 60 pequenas cidades, em seu extenso vinhedo terraplanado e nas ruínas dos castelos que outrora defendiam seu comércio.

O rio atravessa as montanhas de ardósia da Região do Reno, ligando a grande várzea de Oberrheingraben à bacia do Baixo Reno. A propriedade se estende desde o Binger Pforte (portão de Binger), de onde flui por um desfiladeiro, a porção em forma de cânion do Vale do Reno, por 15 km do Vale de Bacharach, com pequenos vales com laterais em forma de "V", até Oberwesel, onde se dá a transição de ardósia e argila para arenito. Numa série de estreitos cujo mais famoso é Loreley, que não ultrapassam 130 m de largura (com profundidade de 20 m na porção mais profunda do Médio Reno), o Reno parte daí para Lahnsteiner Pforte (portão de Lahnsteiner), onde o rio se abre para o Vale de Neuwied. O bem também inclui os terraços contíguos por onde passava o leito na Antiguidade.

Como rota de transporte, o rio serviu de ligação entre as metades norte e sul do continente desde a Pré-História, favorecendo o comércio e o intercâmbio cultural, os quais permitiram que as pessoas chegassem aos antigos assentamentos. Condensados numa área bastante restrita, esses assentamentos levaram à concepção da rede de vilarejos e pequenas cidades que caracterizam a região. Por mais de mil anos, as margens vêm sendo terraplanadas para a implantação de vinhedos.

A paisagem é polvilhada por aproximadamente 40 castelos e fortalezas, construídos nos topos das colinas ao longo de um período aproximado de mil anos. Abandono e guerras subsequentes no século XVII os transformaram em ruínas pitorescas. O final do século XVIII assistiu ao desenvolvimento da sensibilidade em torno da beleza da natureza, e a paisagem cênica dramática do Vale do Reno, somado às suas ruínas, fez com que o Vale tivesse um forte apelo para o romantismo, que influenciou muito a restauração e reconstituição ocorrida no século seguinte.

O Reno é um dos maiores rios do mundo e foi testemunha de eventos cruciais na história da humanidade. A porção do Médio Reno entre Bingen e Koblenz é, de muitas maneiras, de uma expressão excepcional para essa longa história. Trata-se de uma paisagem cultural formada pela ação humana ao longo de muitos séculos, e sua forma atual deriva de intervenções humanas condicionadas pela evolução cultural e política da Europa Ocidental. Além disso, a geomorfologia do Vale do Alto Médio Reno é de tamanha expressão e beleza que influenciou e inspirou artistas de todos os tipos (poetas, pintores e compositores), em especial nos dois últimos séculos.

4.1.8 Reino Unido

O Reino Unido da Grã-Bretanha e Irlanda do Norte, que compreende a Inglaterra, a Escócia, o País de Gales e parte da Irlanda, é um dos destinos mais cobiçados por turistas mundo afora. O Reino ratificou sua participação na Convenção do Patrimônio em 1984 e possui 28 bens inscritos – 4 naturais e 24 culturais, dos quais 1 se encontra ameaçado. Há uma série de bens que poderiam representar essa região, mas a singularidade de Stonehenge (Ref.: 373bis) a representa para além da história recente. Está localizado em Wiltshire, na Inglaterra, entre as coordenadas N51 10 44 W1 49 31, e sua data de inscrição é 1986, tendo sofrido uma pequena alteração em 2008. A área que compõe o bem é de 4.985 ha.

Crédito: Fotolia

Figura 4.8 – Stonehenge

Justificativa da inscrição

Critérios: (i) (ii) (iii)

- Critério (i): Os monumentos de Stonehenge, Avebury e sítios associados demonstram excepcional criatividade e conquistas tecnológicas já na Era Pré-Histórica.
- Critério (ii): O sítio oferece uma demonstração excepcional da evolução da construção de monumentos e do contínuo uso e remodelagem da crosta terrestre por mais de 2 mil anos, desde os primórdios da Era Neolítica até a Idade do Bronze. Considerado desde o século XII uma das sete maravilhas do mundo, o sítio é associado à espiritualidade por parte de alguns grupos.
- Critério (iii): Os complexos de monumentos em Stonehenge e Avebury oferecem uma visão excepcional sobre as práticas funerárias e outras cerimônias na Grã-Bretanha no Período Neolítico e na Era do Bronze. Junto de seus sítios associados, eles fornecem paisagens sem paralelo.

Descrição

Stonehenge, que foi construído em diversas fases desde 3100 até 1100 a.C., é o círculo de pedra pré-histórico arquitetonicamente mais sofisticado do mundo. Ele é ímpar em seu *design* e em sua engenharia, apresentando imensas vergas horizontais de pedra que tampam o círculo exterior e os trílitos[2] presos uns aos outros por juntas entalhadas. Distingue-se pelo uso singular de dois tipos de rocha (bluestones e sarsens), pelo seu tamanho

[2] Megálito composto de três pedras (Trílito, 2014).

(a maior pedra pesa mais de 40 t) e pela distância pela qual foram transportadas (até 240 km). É um dos mais impressionantes monumentos megalíticos do mundo, por conta tanto do tamanho, da altura e do peso dos menires[3], como, especialmente, pela perfeição do planejamento em que se baseia, compondo um conjunto de círculos concêntricos.

Para a construção foram usados arenitos chamados *sarsens*, extraídos de uma planície próxima a Salisbury, e pedras azuis (*bluestones*), trazidas de uma região conhecida como Pembroke County, a uma distância de aproximadamente 200 km, onde hoje é o País de Gales. Uma avenida com uma curva conduz ao centro e para fora do círculo. Ainda que a função ritualística do monumento não seja conhecida em detalhes, as referências cósmicas de suas estruturas parecem notórias. Há uma antiga teoria de que o santuário servia para a adoração ao Sol, mas não há consenso sobre esse assunto, ainda que no solstício de verão haja uma procissão anual de bardos e druidas a Stonehenge.

Também parte do mesmo sítio, o círculo de pedras de Avebury chega a 1,3 km de circunferência. Além desses, também faz parte Silbury Hill, uma colina artificial pré-histórica. Avebury (30 km ao Norte), ainda que não seja tão conhecido quanto Stonehenge, é o maior círculo de pedras da Europa. Seu círculo externo compreende 100 menires, e um total de 180 monumentos megalíticos foram assentados antes do terceiro milênio a.C., demonstrados pela quantidade abundante de cerâmica

---

[3] "Monumento megalítico do período, neolítico, ger. de forma alongada, altura variável (até cerca de 11 m) e fixado verticalmente ao solo [Podia servir de marco astronômico ou representar o totem ou outros espíritos.]" (Houaiss; Villar, 2003).

encontrada no sítio. Há quatro avenidas que se ligam aos pontos cardeais do monumento.

Próximo de Avebury, entre os tantos sítios vinculados, encontra-se Silbury Hill, um monte construído por homens pré-históricos, a exemplo de outros da região, como Windmill Hill, West Kennet Long Barrow e Overton Hill.

O desenho, a posição e a inter-relação dos monumentos são evidências de uma sociedade pré-histórica rica e muito bem organizada, apta a impor seus conceitos sobre a paisagem. Um exemplo formidável é o alinhamento entre a avenida (provavelmente rota de procissão) e o círculo de pedras em Stonehenge no nascer do sol no solstício de verão e no pôr do sol no solstício de inverno, indicando usos cerimoniais e astronômicos.

Stonehenge, Avebury e seus sítios associados representam obras-primas do gênio criativo humano da Era Neolítica. Os dois primeiros são os conjuntos de círculos de pedra mais conhecidos da Grã-Bretanha e estão entre os monumentos pré-históricos mais conhecidos do mundo. Um conjunto de sítios (Avebury Circle e Silbury Hill) ao redor ajuda a compreender a importância desses bens num contexto maior.

4.1.9 Rússia

A Federação Russa é o país com maior extensão territorial do mundo. Suas terras se espalham pelos continentes europeu e asiático, e seus extremos Leste e Oeste estão separados por até 10.000 km. A Rússia ratificou a Convenção do Patrimônio em

1988 e dispõe atualmente de 25 bens na Lista do Patrimônio Mundial, dos quais 10 são naturais e 15 culturais. Como a sede do país é Moscou e essa cidade compõe a imagem que se tem do país, optou-se por apresentar o Kremlin e a Praça Vermelha (Ref.: 545) para representar o país. O bem está localizado entre as coordenadas N55 44 44.988 E37 37 46.992, tendo sido inscrito em 1990. Não há determinação específica de área do bem ou zona de amortização.

Crédito: Fotolia

Figura 4.9 – Basílica de São Basílio

Justificativa da inscrição

Critérios: (i) (ii) (iv) (vi)

- Critério (i): O conjunto da praça, incluindo o Kremlin e a Basílica, representa uma obra-prima incomparável do gênio criativo humano.
- Critério (ii): A influência da Basílica, tanto de modo construtivo como de estrutura urbana, inspirou significativamente as artes monumentais, assim como o urbanismo em diversos países.
- Critério (iv): A Basílica e o conjunto da praça apresentam um estilo inconfundível que marcou a arquitetura monumental mundial.
- Critério (vi): A praça abrigou o poder russo e posteriormente soviético em distintos momentos da história.

Descrição

Inseparavelmente ligado aos mais importantes eventos históricos e políticos da Rússia desde o século XII, o Kremlin (construído, principalmente, entre os séculos XIV e XVII por extraordinários arquitetos russos e estrangeiros) foi a residência do grão-príncipe e também um centro religioso. Aos pés de suas muralhas, na Praça Vermelha, a Basílica de São Basílio é um dos mais belos monumentos ortodoxos da Rússia.

Dentro de seus muros, há obras-primas da humanidade na arquitetura e nas artes plásticas religiosas, como a Igreja da Anunciação, a Igreja do Arcanjo e a torre do sino de Ivan Veliki, além de palácios como o Grande Palácio do Kremlin, que compreende a Igreja da Natividade da Virgem e o Palácio Teremoi.

Na Praça Vermelha está São Basílio, o maior monumento de arte ortodoxa ainda nos dias atuais. A arquitetura russa foi influenciada diversas vezes na história por tendências que partiam do Kremlin, e uma dessas influências bastante perceptível e peculiar veio da renascença italiana.

Segundo relatos imprecisos, o Kremlin de Moscou data de 1156 e possui um conjunto de monumentos formidável. Desde o estabelecimento do Principado de Moscou, em 1263, esse patrimônio foi o centro do poder temporal e espiritual da Rússia e da União Soviética. Parte dos bens existentes na Praça foi sendo integrado ao Kremlin em reformas ao longo de sua história.

A Praça Vermelha é intimamente associada ao Kremlin, situando-se abaixo da muralha leste. Em sua parte sul situa-se a basílica, constituída originalmente por duas igrejas, sendo a outra a Catedral de Kazan, erguida em 1633, tendo desaparecido em 1930 junto com diversos conventos na região.

Com sua circunvalação triangular, o Kremlin dispõe de 25 portões e 29 torres e preserva a memória das fortificações de madeira feitas por Yuri Dolgoruki por volta de 1156 na colina, na confluência dos rios Moskova e Nieglinnaya. Por sua configuração e histórico de transformações, o Kremlin segue o antigo padrão ancestral das cidadelas no centro de antigas cidades russas, como Pskov, Tula, Kazan e Smolensk.

4.1.10 Malásia

A Malásia não costuma estar entre os dez primeiros no *ranking* mundial de destinações, mas, na última edição, apresentou um crescimento que a levou à décima posição como país receptor de turistas internacionais. O país ratificou a Convenção do Patrimônio em 1988, mas não tem um grande número de bens, totalizando somente quatro – dois naturais e dois culturais. Entre os culturais, apresentamos a seguir Melaka e George Town, cidades históricas do Estreito de Malaca (Ref.: 1223bis), inscritas em 2008, com uma pequena alteração na inscrição ocorrida em 2011, localizadas entre as coordenadas N5 25 17 e E100 20 45, ocupando 219 ha e com uma zona de amortização de 393 ha.

Figura 4.10 – Melaka e George Town

Crédito: Fotolia

Justificativa da inscrição
Critérios: (ii) (iii) (iv)

- Critério (ii): Melaka e George Town representam exemplos excepcionais de cidades comerciais multiculturais no leste e sudeste da Ásia, forjadas a partir de trocas mercantis e trocas com as culturas malaia, chinesa e indiana e três sucessivas potências coloniais europeias (Portugal, Holanda e Inglaterra) por quase 500 anos, cada uma com suas marcas sobre a arquitetura e formação urbana, tecnologia e arte monumental. Ambas as cidades apresentam diferentes estágios de desenvolvimento de frequentes alterações no decorrer de um longo período, sendo, portanto, complementares.
- Critério (iii): Melaka e George Town são um testemunho vivo da herança multicultural e da tradição da Ásia e das influências coloniais europeias. Esse patrimônio multicultural, tangível e intangível, se expressa na grande variedade de edifícios religiosos de diferentes credos, bairros étnicos, variedade de idiomas, cultos e festas religiosas, danças, trajes, arte e música, comida e vida diária.
- Critério (iv): Melaka e George Town refletem uma mistura de influências que criaram uma arquitetura única, uma cultura e paisagem urbana sem paralelo em qualquer lugar no leste e no sul da Ásia. Em particular, demonstram uma gama excepcional de casas de comércio e moradias. Essas construções apresentam diversos tipos e fases de desenvolvimento da forma de construção, alguns originários dos períodos holandeses ou portugueses.

Descrição

Melaka e George Town, cidades históricas do Estreito de Malaca, desenvolveram-se ao longo de 500 anos de comércio e intercâmbio cultural entre leste e oeste desse estreito, que, ao longo da história, tem sido uma estrada para os comerciantes marítimos. Poderosos reinos e cidades surgiram, e um traço típico foi a imigração e as fortes influências de locais remotos ou próximos que contribuíram para uma identidade multicultural.

A cidade e o reino de Melaka foram fundados no final do século XIV (ou início do século XV). A pequena vila de pescadores cresceu rapidamente para um grande porto e empório, ofuscando os portos mais antigos da região. Com o apoio do imperador chinês da época, o rei conseguiu independência do Sião[4]. Muitos grupos étnicos estavam presentes e relata-se que cerca de 80 línguas diferentes eram faladas. O Islã foi introduzido, o rei assumiu o título de sultão e Melaka tornou-se um centro de aprendizagem para o Islã.

Em 1511, os portugueses conquistaram a cidade de Melaka e construíram uma fortaleza de pedra em torno do atual monte St. Paul. Dentro dela foram feitos os palácios para o governador e para o bispo, cinco igrejas, dois hospitais, um colégio e outros edifícios públicos.

A destruição de mesquitas e túmulos mostrou um desejo de enfraquecer o Islã. No entanto, a tradição dos bairros étnicos distintos e do multiculturalismo continuou. Melaka era frequentemente atacada por seus vizinhos malaios, porém outros europeus que estavam navegando através do Estreito de Malaca tinham interesse na área, e em 1641 os holandeses tomaram

[4] Atual Tailândia.

a cidade. Eles tinham conquistado Java em 1619 e fizeram de Batávia (Jacarta) sua capital no Oriente. Melaka não era páreo, mas se tornou sua principal base na península e novamente se elevou como entreposto de excelência para o Sudeste Asiático no final do século XVIII. Os holandeses apenas tomaram a infraestrutura existente, construindo mais tarde uma nova fortaleza em São João do Monte, e em 1650 a antiga residência do governador foi convertida na Stadthuis. A Igreja Católica de São Pedro foi construída em 1710 e a protestante Christ Church em 1753, a mais antiga igreja protestante na Malásia e ainda em uso.

Entre 1795 e 1818, durante as guerras napoleônicas na Europa, Melaka caiu em mãos britânicas. Penang (atual George Town) já existia há algum tempo e, como sua rival, ela foi inicialmente condenada a se nivelar com Melaka. Alguns anos mais tarde, em 1824, Melaka foi finalmente incorporada à administração britânica. Ao contrário dos portugueses e dos holandeses, os ingleses exerceram uma política de livre comércio. Pessoas de todo o mundo foram encorajadas a se estabelecer na nova cidade para produzir e exportar. O desenvolvimento de ambas as cidades ao longo dos séculos foi baseado na fusão de diversas tradições culturais e étnicas, incluindo malaio, europeu, muçulmano e influências chinesas e indianas. Tudo isso resultou em um mosaico cultural humano que se expressa em um rico patrimônio intangível que inclui línguas, práticas religiosas, gastronomia, cerimônias e festivais.

4.1.11 Egito

O Egito tem uma longa tradição que o liga tanto ao patrimônio mundial quanto ao turismo. Diferentemente dos destinos anteriores, o Egito não está na lista dos dez principais destinos do turismo internacional, mas, como entre aqueles não havia nenhum país do chamado *Oriente Médio*, optamos por representar essa região com o Egito, visto que é atualmente um país árabe e que dispõe de uma atratividade incomum para o turismo. O país apresenta bens que motivaram a criação da Convenção do Patrimônio Mundial, como foi tratado anteriormente neste livro, e ratificou essa convenção já em 1974. Possui, curiosamente, somente sete bens na Lista do Patrimônio, sendo somente um deles natural e os outros seis culturais, dos quais um está ameaçado. A fim de caracterizar o Egito muçulmano (e não necessariamente o Antigo Egito), apresentamos a Cairo Histórica (Ref.: 89), localizada na capital do Egito, governadoria de al-Qahirah (Cairo), com coordenadas N30 3 0 E31 15 39.996. O bem foi inscrito em 1979 e tem uma área de 534 ha.

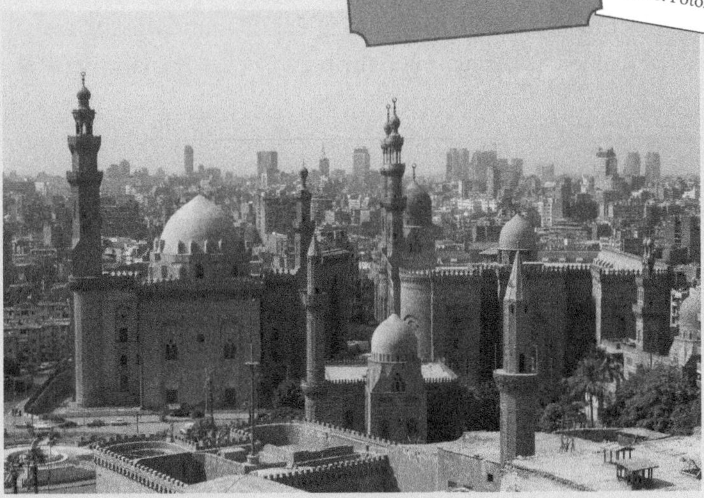

Crédito: Fotolia

Figura 4.11 – Cidade histórica do Cairo

Justificativa da inscrição

Critérios: (i) (v) (vi)

- **Critério (i)**: A malha urbana e especialmente o conjunto arquitetônico civil e religioso representam uma obra-prima do gênio criativo humano.
- **Critério (v)**: A sobreposição de culturas e as características locais são um exemplo excepcional de um assentamento humano tradicional, resultante da simbiose do país com o Rio Nilo.

→ **Critério (vi):** A cidade do Cairo presenciou grandes acontecimentos das principais religiões do mundo, assim como foi alvo de inúmeras conquistas ao longo de sua existência.

Descrição

Escondida no meio da área urbana moderna do Cairo encontra-se uma das mais antigas cidades islâmicas do mundo, com suas famosas mesquitas, madrassas, banhos turcos e fontes. Fundada no século X, tornou-se o novo centro do mundo islâmico, chegando a sua idade de ouro no século XIV. A relação espontânea que se faz do Egito com o patrimônio é de sua época faraônica. No entanto, na atualidade – e há muitos séculos –, o Egito é um país muçulmano, e uma de suas maiores expressões é a cidade histórica do Cairo.

O centro histórico de Cairo guarda um impressionante testemunho material de relevância universal em termos políticos, estratégicos, intelectuais e comerciais da cidade durante o período medieval. Existem poucas cidades no mundo tão ricas quanto o Cairo no que diz respeito a edifícios antigos: o centro histórico, na margem oriental do Nilo, inclui nada menos do que 600 monumentos classificados datados dos séculos VII ao XX, distribuídos em várias partes do bem preservado tecido urbano e que representam formas de ocupação humana na Idade Média.

No século VII, após a morte do profeta Maomé, fundador do islamismo, os exércitos árabes marcharam com grande velocidade para conquistar terras vizinhas. Em 640, o exército do califa Omar atingiu o Nilo, ocupou a Babilônia e fundou em frente ao rio sua própria capital, al-Fustat, cercada por um muro. Lá, o califa construiu a Mesquita do Profeta na Medina:

encerrada em um pátio simples e cercada por paredes de tijolos, ela encarna perfeitamente a essência do Islã, com características arquitetônicas mais austeras, quase militar.

Durante a dominação dos abássidas, al-Fustat diminuiu gradualmente em importância e foi substituída pelo subúrbio do norte de al-Askar. Em 870, o novo governador Ahmed Ibn Tulun tornou o Egito independente do califado abássida e fundou na área do nordeste uma esplêndida nova capital, al-Qatai, a qual foi destruída no início do século X, quando os abássidas recuperaram o controle do país. Eles pouparam a Grande Mesquita de Ibn Tulun, com seu grande pátio cercado por pórticos destinados ao ensino, pontuado por arcos curvados elegantemente decorados. A mesquita é provavelmente trabalho de artistas iraquianos e ainda nos dias atuais é um dos monumentos mais admiráveis no Cairo.

O grande período de esplendor da cidade começou no final do século X, quando o Egito foi conquistado pela poderosa dinastia muçulmana xiita dos fatímidas, que decidiu construir uma nova capital. No ano 969 d.C. a cidade de al-Qahira foi fundada, e no coração da capital ficou a residência do imã[5], os edifícios administrativos e os dois grandes palácios fatímidas, dos quais nada existe hoje.

O bairro atual de al-Azhar preserva outros monumentos da época fatímida, como os três grandes portões, as enormes torres quadradas dos muros da cidade e cinco mesquitas. Entre estas últimas, a Mesquita de al-Hakim é o último exemplo de uma mesquita militar: um edifício austero e compacto com um

---

[5] "2 título que os califas atribuíram para si mesmos como chefes supremos dos muçulmanos" (Houaiss; Villar, 2003).

amplo pátio aberto que, com as paredes adjacentes, torna-se um composto de arquitetura medieval de poder notável.

A Mesquita de al-Azhar foi construída entre 970 e 972 d.C. sob o comando do califa Muizz para servir como um santuário e como ponto de encontro e abrigar uma universidade que se tornou um importante centro de estudos islâmicos. A aparência atual, com seus pórticos persas em arco, suas portas decoradas, a imensa sala de oração, os minaretes de várias formas, adornados com rendado em pedra esculpida, é o produto de uma série de projetos de embelezamento.

Após a breve invasão de turcos seljúcidas e os ataques dos cruzados, o Egito caiu em 1172 nas mãos de Saladino, o fundador da dinastia aiúbida. O período de maior esplendor do Cairo coincidiu com o advento da dinastia dos mamelucos, que substituiu o Aiúbida e permaneceu no poder até 1257. A primeira mesquita mameluca foi construída em 1266 pelo sultão Baibars e coroada por uma imensa cúpula. A Mesquita Madraza, cuja construção foi ordenada pelo sultão Hasan VII e ocorreu entre 1356 e 1363, apresenta uma planta em forma de cruz que se desenvolve em torno de um pátio central, com o pavilhão elegante da fonte para as abluções rituais, e foi construído com a utilização de material colhido em grande parte das pirâmides. A aparência maciça da construção é equilibrada pela poderosa cúpula e pelo único minarete dos quatro originais. Além das estruturas religiosas dos sultões, há esplêndidos mausoléus na Cidade dos Mortos, o enorme cemitério a leste da cidade propriamente dita.

Justificativa da inscrição
Critérios: (ix) (x)

- Critério (ix): A propriedade é considerada de valor universal excepcional por representar processos ecológicos e biológicos em curso associados à evolução do bioma *Fynbos*. Esses processos são representados geralmente dentro da Região Floral da Cidade do Cabo e capturados nas oito áreas protegidas. As estratégias reprodutivas das plantas são de particular interesse científico, incluindo as respostas adaptativas da flora ao fogo e os padrões de dispersão de sementes por insetos. A biologia da polinização e ciclagem de nutrientes são outros processos ecológicos distintos encontrados no sítio. A Região Floral da Cidade do Cabo forma um centro de especiação ativo, no qual padrões interessantes de endemismo e radiação adaptativa são encontrados na flora.
- Critério (x): A Região Floral da Cidade do Cabo é uma das áreas mais ricas em plantas do que qualquer outra de tamanho similar no mundo. Ela representa menos de 0,5% da área da África, mas é o lar de cerca de 20% da flora do continente. A diversidade excepcional, a densidade e o endemismo da flora estão entre os mais altos do mundo. Cerca de 70% das mais de 9 mil espécies de plantas da região são endêmicas, sendo em torno de 1.435 identificadas como ameaçadas. A Região Floral da Cidade do Cabo foi reconhecida como um dos 18 principais pontos de biodiversidade do mundo.

4.1.12 África do Sul

A África do Sul é um importante destino turístico do continente africano e o mais importante país da chamada *África-Subsaariana*. Sua influência comercial e econômica a coloca como um ícone na região, atraindo atenção de muitos países vizinhos e de outras partes do mundo. Por questões políticas e embargos internacionais, o país só ratificou a Convenção do Patrimônio em 1997. Apresenta oito bens listados, sendo três naturais, um misto e quatro culturais. Como se trata de um destino muito voltado ao ecoturismo, apresentamos a seguir as áreas protegidas da Região Floral da Cidade do Cabo (Ref.: 1007rev), localizadas nas províncias de Western Cape e Eastern Cape, nas coordenadas S34 10 0 E18 22 30. Suas inscrições foram realizadas em 2004, e a área que ocupam é de 553.000 ha, com uma imensa zona de amortização de 1.315.000 ha.

Crédito: Fotolia

Figura 4.12 – Região Floral e vista da Cidade do Cabo

Descrição

A Região Floral da Cidade do Cabo está localizada no canto sudoeste da África do Sul, na província do Cabo. Oito grupos do sítio formam uma amostra representativa dos oito centros fitogeográficos da região. As elevações variam de 2.077 m no Groot Winterhoek até o nível do mar na Reserva Natural do De Hoop. Uma grande parte da área é caracterizada por montanhas escarpadas, passagens, rios, corredeiras, cascatas e piscinas.

A área foi considerada o principal local do mundo para a diversidade vegetal e endemismo e foi designada como um dos centros mundiais de diversidade de plantas. A área representa cerca de 40% da flora subcontinental, estimada em 20.367 espécies de plantas vasculares, incluindo famílias de espécies endêmicas e subendêmicas ameaçadas. A Península do Cabo contém quase a metade dessas espécies, com 25% da flora de toda a região. A riqueza se deve à grande variedade de macro-hábitats e mosaicos de micro-hábitats resultantes da gama de altitudes, solos e condições climáticas, incluindo a coexistência de espécies de precipitação de inverno e espécies de precipitação de verão mais do Leste.

A flora também é caracterizada por concentrações endêmicas de relíquias, assim como por maciça especialização em curso em virtude de seu isolamento em uma área que apresenta estabilidade climática há tempos. A flora de cada área é suficientemente peculiar para justificar a representação da região por vários sítios, cada um dos quais é grande o suficiente para preservar a viabilidade genética de seus tipos de diversidade e para acomodar os processos naturais de grande escala, como incêndios e seca. Oito centros fitogeográficos de endemismo foram assinalados na Região Floral do Cabo.

A flora característica da região, que compreende 80% de sua riqueza, é o *fynbos* (arbustos finos), vegetação de folhas finas adaptada tanto para o tipo de clima mediterrâneo como para incêndios periódicos, além de ser definida pela localização geográfica ou pelas espécies dominantes.

A diversidade de plantas é baseada em tipos de solo que variam de pobres em nutrientes ácidos, predominantemente arenosos e brutos, a alcalinos de areias aluviais marinhas e ligeiramente mais ricos. Há bolsões de floresta verde em desfiladeiros protegidos contra incêndio e em solos mais profundos. No Leste, por sua vez, há moitas do vale e moitas suculentas, que são menos dependentes de fogo e incêndios. Já no Norte seco fica a mata de Karoo, mais baixa e com plantas mais suculentas.

Quatro outras características da Região Floral da Cidade do Cabo de interesse científico global são, de acordo com a Unesco (2014a):

- as respostas das plantas ao fogo;
- a dispersão de sementes por formigas e cupins;
- o nível elevado (83%) da polinização por insetos, besouros e moscas, principalmente;
- seus vínculos com a Gondwana[6], permitindo a reconstrução de conexões antigas da flora.

---

[6] "Continente hipotético que teria existido no hemisfério sul, unindo num só bloco a Índia e a África [...], e cuja fragmentação, durante o Mesozoico [...], teria originado a América do Sul, a África do Sul, a Índia, a Austrália e a Antártida [...]" (Houaiss; Villar, 2009).

A adaptação ao fogo inclui geófitos[7], alguns dos quais necessitam do fogo para a germinação. Já as formigas levam as sementes para comer seus depósitos lipídicos e com isso acabam dispersando cerca de 30% da flora da região, o que inclui mais da metade dos *Proteaceae*[8]. A maioria dos arbustos dispersos são espécies tanto ameaçadas como endêmicas, e algumas não conseguem regenerar-se após o fogo. A polinização e o ciclo de nutrientes feito por cupins, bem como as comunidades de cupinzeiros, são marcantes. Além disso, a região tem níveis muito altos de plantas polinizadas por pássaros e mamíferos.

A África do Sul encerra o capítulo destinado a exemplos de patrimônios da humanidade de interesse turístico. Juntamente com o Egito, foi acrescentada à lista das dez principais destinações turísticas mundiais, uma vez que nenhuma dessas ficava em solo africano ou no Oriente Médio.

A diversidade que buscamos apresentar, ainda que infinitamente menor do que a disponível no somatório total dos outros 969 bens listados, foi a forma de exemplificar a importância do patrimônio para o turismo e para a compreensão da diversidade existente.

Síntese

Longe da possibilidade de tratar de todos os bens listados como patrimônios da humanidade, tratamos de exemplificar alguns destes que dispõem de notório interesse turístico. O percurso

---

[7] "1 qualquer planta terrestre; 2 planta vivaz" (Houaiss; Villar, 2009).
[8] Arbustos ou pequenas árvores (Utad Jardim Botânico, 2014).

escolhido foi baseado no *ranking* dos dez países mais visitados no mundo em 2013, elaborado pela OMT. Como nesse *ranking* acabaram ficando de fora o Oriente Médio e a África, foram acrescentados exemplos dessas duas regiões, a fim de contemplar todas as regiões turísticas do mundo. O resultado é uma pequena amostra da diversidade existente e do vínculo entre o patrimônio e a atividade turística.

> **PARA SABER MAIS**
>
> UNESCO – Organização das Nações Unidas para a Educação, a Ciência e a Cultura. Disponível em: <whc.unesco.org>. Acesso em: 16 jul. 2014.
>
> As informações estão disponíveis apenas em inglês, francês ou espanhol, na maior parte dos casos. Há uma coleção impressa da Unesco em português de Portugal, mas que, em decorrência de seu alto custo, é difícil de ser encontrada. Há pouco material traduzido, mas unir a visualização das fotos com o treino de outro idioma pode ser um passatempo bastante agradável.

Questões para revisão

1. Leia as afirmações a seguir, verifique se são verdadeiras ou falsas e, em seguida, assinale a alternativa que contém a sequência correta:
    I. A Estátua da Liberdade fica nos Estados Unidos, mas foi feita na França.

II. Stonehenge é um monumento pré-histórico, anterior aos celtas.

III. Veneza é uma cidade que foi construída sobre 118 ilhas.

a. Verdadeira; verdadeira; verdadeira.
b. Falsa; falsa; falsa.
c. Verdadeira; falsa; falsa.
d. Falsa; falsa; verdadeira.

2. Dos bens mencionados como exemplos, qual é a única obra humana visível da Lua a olho nu?

a. Muralha da China.
b. Estátua da Liberdade.
c. Stonehenge.
d. Hagia Sophia (Basílica de Santa Sofia).

3. Relacione os bens citados na coluna da esquerda com os seus respectivos critérios na coluna da direita. Em seguida, assinale a alternativa que contém sequência correta:

1	Áreas protegidas da Região Floral do Cabo	A	Critérios: (i) (ii) (iii)
2	Stonehenge	B	Critérios: (ix) (x)
3	Áreas históricas de Istambul	C	Critérios: (i) (ii) (iii) (iv) (v) (vi)
4	Veneza	D	Critérios: (i) (ii) (iii) (iv)

a. 1-A; 2-B; 3-C; 4-D.
b. 1-B; 2-A; 3-D; 4-C.
c. 1-D; 2-C; 3-B; 4-A.
d. 1-C; 2-A; 3-B; 4-D.

4. Dos países citados neste capítulo, quais estão localizados em mais de um continente?

5. Dois dos bens apresentados ficam em países que não estão entre os dez mais visitados, segundo a OMT. Quais são esses países e por que foram escolhidos?

Questão para reflexão

1. Há uma relação entre os patrimônios declarados e os locais de intercâmbio cultural e comercial com outros povos. Reflita sobre essa relação em termos de vocação para atrair turistas estrangeiros, negócios internacionais e outras características ligadas à internacionalização.

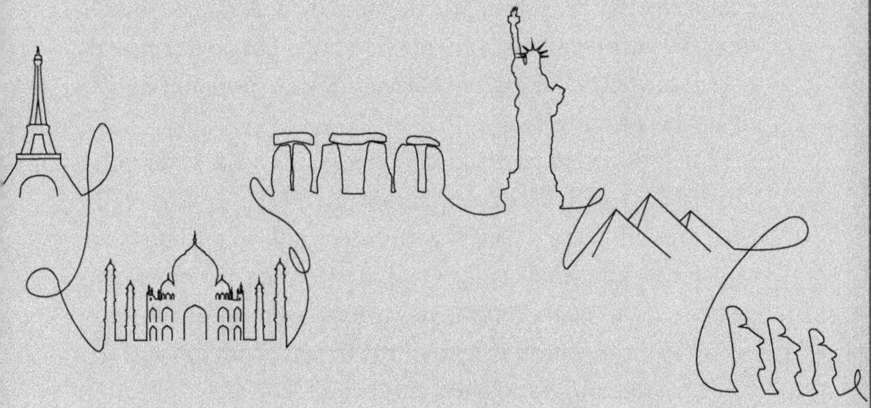

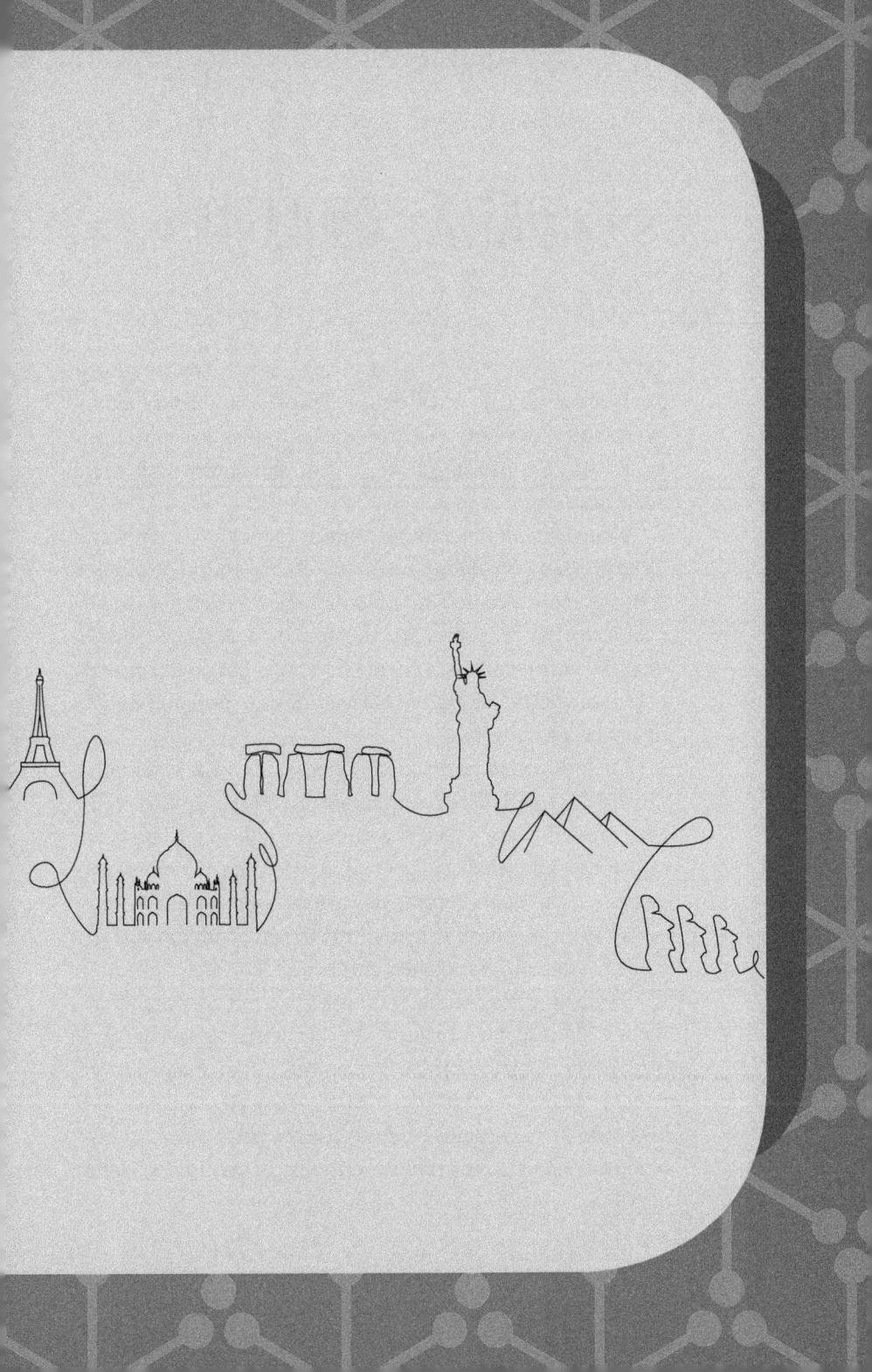

... PARA CONCLUIR... ...

Conforme mencionado desde o início deste livro, os temas agrupados neste estudo são de extrema relevância e influência mútua. No entanto, por se tratar de áreas menos rígidas do conhecimento, acabam por não dispôr de definições incontestáveis sobre seus conceitos.

Mormente, há um senso comum reducionista em torno da expressão *patrimônio turístico*, relacionando-o à oferta e considerando-o como sinônimo de *recurso*. O que buscamos com esta obra foi, entretanto, destacar o papel do patrimônio mundial para o desenvolvimento e manutenção do interesse da população pela visita a determinados locais, especialmente fora de seu país de origem.

Entre os destaques do que foi apresentado estão a concentração dos bens nos países desenvolvidos e a criação de uma região agrupando Europa e América do Norte, que, juntos, possuem 48% de todos os bens listados. Outro destaque é a predominância de bens culturais no continente europeu e do equilíbrio entre bens naturais e culturais em outras regiões, com especial destaque para as antigas colônias europeias.

Também é possível notar que não há um padrão temporal no que diz respeito à inclusão de bens na lista. Ao contrário, bens muito singelos em termos de área e tamanho ou recentemente concebidos historicamente podem vir a ser incluídos seguindo-se os mesmos critérios usados para a avaliação de obras milenares. Ainda sobre os critérios, houve uma mudança naqueles estabelecidos pela Organização das Nações Unidas para a Educação, a Ciência e a Cultura (Unesco) em 2005, que juntou na mesma sequência os critérios culturais (de i a vii) e naturais (viii a x). Até 2004, os critérios eram separados em seis critérios culturais (numerados de i a vi) e quatro naturais (numerados de i a iv). A alteração, além de simplificar a apresentação dos critérios, inclui natureza e cultura numa mesma sequência lógica, demonstrando sua complementaridade.

Por fim, discutimos a relação entre o patrimônio mundial e o fluxo turístico internacional com a apresentação da lista dos principais destinos receptores de turistas internacionais fornecida pela Organização Mundial do Turismo (OMT). Mostramos o patrimônio listado de cada um dos dez primeiros destinos (mais um do Oriente Médio e outro da África Subsaariana), no intuito mais de exemplificar a relação com o turismo do que ousar aprofundar cada um deles, ou ainda, entrar em minúcias dos quase 200 países-membros. Na verdade, cada Estado integrante poderia ser alvo de uma publicação acerca de suas relações com o turismo, o que ampliaria em excesso o foco deste livro.

Nesse sentido, no decorrer deste material, buscamos estreitar ou explicitar a relação entre a atividade turística e o patrimônio para o contexto específico de importância internacional, daí a escolha de vários documentos da Unesco como uma das bases de pesquisa mais importantes da obra.

Na relação criada entre os principais destinos turísticos mundiais, segundo o *ranking* da OMT e bens listados como patrimônio mundial, optamos por exemplificar cada país com algum bem ou conjunto que guardasse forte relação com a atividade turística. Além disso, escolhemos incluir um exemplo de cada região não contemplada por essa lista usando destinos notoriamente turísticos para exemplificar essa relação.

Vale ressaltarmos que procuramos ampliar ao máximo o leque de exemplos entre os critérios adotados pela Unesco para incluir o bem na Lista do Patrimônio Mundial. É fato que cada um desses países dispõem muito mais do que de um único exemplo, mas traçar todas as relações entre patrimônio e turismo nesses países e descrevê-las numa obra certamente seria um trabalho hercúleo e infinito. Dessa forma, justificam-se as opções pela percepção das relações que seguem.

Como país mais visitado do mundo e berço do conceito moderno de *patrimônio*, a França dispõe de inúmeros exemplos de bens que atraem turistas. O Vale do Loire, usado como exemplo, além da representatividade histórica e cultural apresentada na descrição, é um atrativo turístico cultural muito procurado, sendo destino de passeios e cruzeiros amplamente divulgados.

O grande interesse pela China, sua grande população e as relações internacionais, especialmente regionais, fazem dela uma grande potência no turismo. Entre as inúmeras possibilidades para exemplificar a atratividade da China, a Grande Muralha merece destaque tanto por sua imponência como por ser um atrativo massivamente visitado no país.

A Estátua da Liberdade, localizada na cidade de Nova Iorque – cidade que por si só já atrai turistas –, foi usada como exemplo de patrimônio nos Estados Unidos pela simbologia e beleza do atrativo, que, para além do destino turístico, atrai uma demanda de visitação específica ao referido patrimônio por meio de diversos tipos de passeio.

Os exemplos existentes na Espanha são igualmente inúmeros, especialmente se fossem considerados os patrimônios nacionais e locais. A obra de Gaudí, contudo, apresenta um vínculo indiscutível com o turismo, com especial ênfase à cidade de Barcelona, na Catalunha, onde faz parte até mesmo de circuitos turísticos locais e passeios em ônibus turísticos de *sightseeing*.

A Itália, próxima colocada no *ranking* da OMT, tem a maior quantidade de bens declarados em um único país, totalizando 49 itens. A opção por Veneza se dá tanto pela singularidade como pelo notório vínculo com o turismo e a presença dessa parte do mundo no imaginário de tantos viajantes.

A Turquia, na sequência, é também parte do imaginário, especialmente como destino exótico, e Istambul é, indubitavelmente, o portão de entrada para esse país de surpresas e contrastes.

Pela ordem proposta na obra, a destinação seguinte seria a Alemanha, onde há também um grande número de destinações turísticas e de bens declarados como patrimônio mundial. Buscou-se com o Vale do Alto Médio Reno um local cujo apelo turístico é igualmente inquestionável.

Ainda na Europa, a Inglaterra é um local que desperta interesse e curiosidade em muitos, pelos mais variados motivos. Stonehenge compõe esse imaginário e é, seguramente, um dos monumentos pré-históricos mais frequentados por turistas em todo o mundo.

Um país do tamanho da Rússia, com a diversidade cultural e geográfica intercontinental, também dispõe de um número significativo de exemplos. Buscou-se o mais conhecido, ou pelo menos o mais relacionado à imagem comum da Rússia, e chegamos ao conjunto da Praça Vermelha.

A Malásia, por fim, fecha o *ranking* dos dez países mais visitados, resultado de um crescimento acentuado do turismo internacional nesse país nos últimos anos. Os exemplos de Melaka e George Town dizem respeito à característica original de um encontro de culturas e de diversidade dessa região da Ásia.

Uma vez que na divisão adotada neste livro duas regiões haviam sido postas de lado – Oriente Médio e África –, optamos por dois extremos do mesmo continente, sendo o primeiro o Egito, que, apesar de ser um marco no turismo cultural pela Antiguidade Clássica, aqui representando o Oriente Médio, teve como destaque a Cidade Antiga do Cairo, não menos importante para a humanidade, em especial para o mundo islâmico.

O país que fecha essas descrições é a África do Sul, na atualidade o país mais importante do continente africano, o qual, embora conte com exemplares de atrativos fundamentais em patrimônio cultural, é mais relacionado no contexto do turismo à natureza. Desse país, apresentamos uma das diversas áreas protegidas que fazem dele um dos destinos mais cobiçados pelos viajantes desejosos de natureza, a Região Floral do Cabo, na emblemática região do Cabo da Boa Esperança.

Certamente haveria espaço para inúmeras outras combinações, mas a proposta seguida nesta obra foi a de apresentar a diversidade como traço comum do turismo e do patrimônio, com enfoque nos movimentos internacionais, entendendo-se que, para esse fim, não há limites de possibilidades. O que esperamos é que tenha ficado clara a relação entre os patrimônios mundiais e sua capacidade de atrair turistas.

A lógica que deve imperar não é, necessariamente, a de que um bem seja turístico por ser patrimônio, ou vice-versa. Na verdade, cada um desses exemplos, bem como os outros 968 existentes, é digno de visitação por si só. É o ímpeto de visitação que causam nos viajantes que torna esses bens singulares a ponto de serem listados como patrimônio mundial. O fato de serem patrimônios e turísticos não se traduz como causa e consequência, mas como resultado distinto das mesmas características.

A obra, portanto, não esgota o assunto; ao contrário, delimita uma área de abrangência que pode culminar em muitos outros estudos.

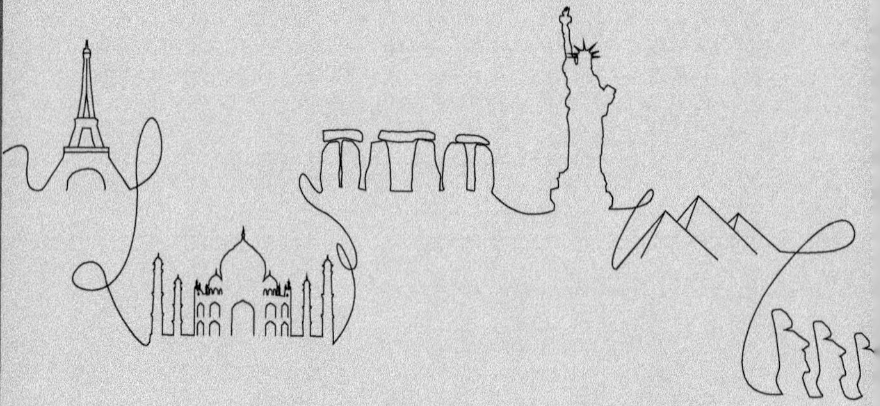

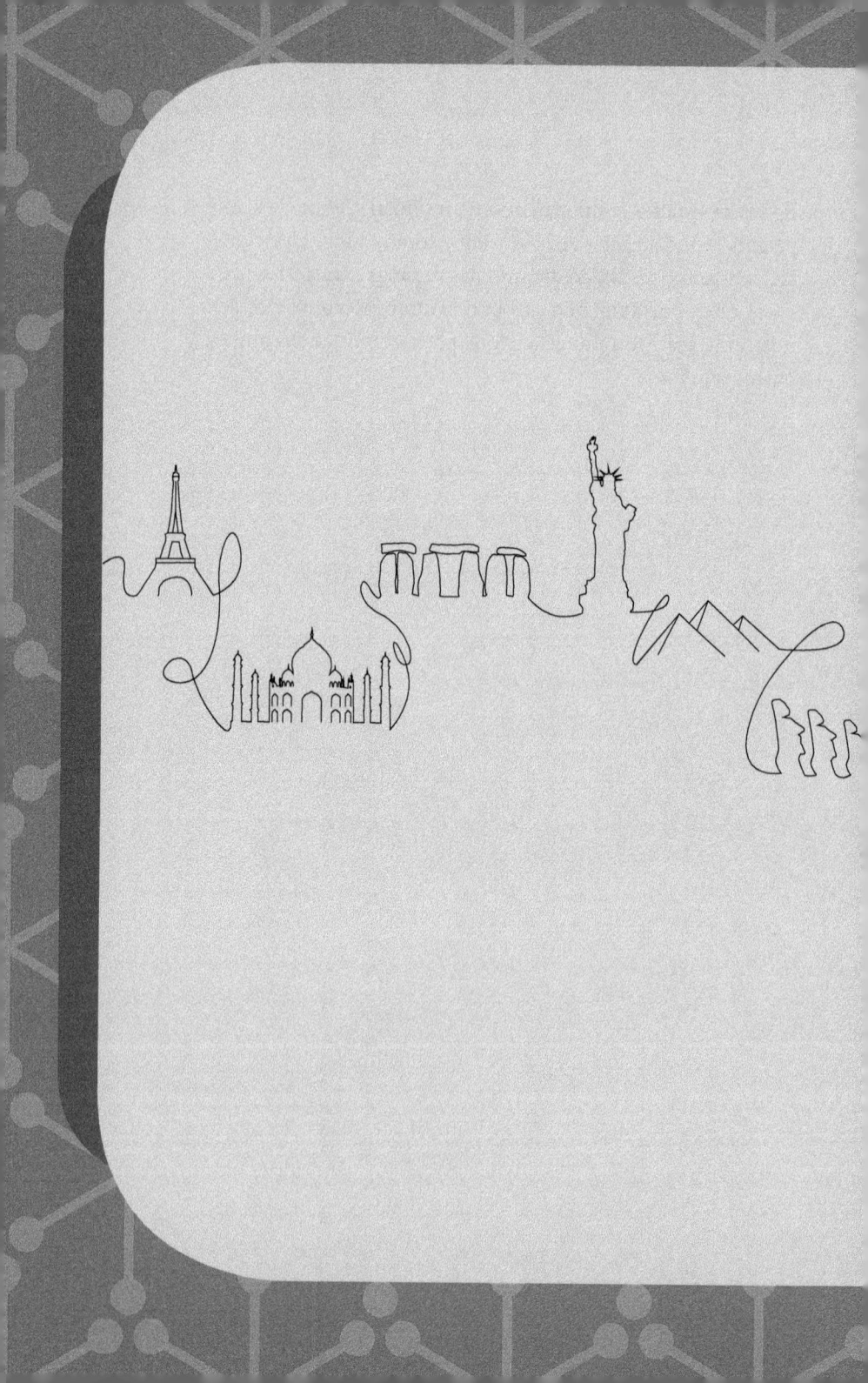

Referências

BARRADO, D.; CALABUIG, J. Geografía mundial del turismo. Madrid: Editorial Síntesis, 2003.

BARRETTO, M. Turismo e legado cultural. 5. ed. São Paulo: Papirus, 2000.

BASTILHA. In: Enciclopédia Viva. Disponível em: <http://www.clickeducacao.com.br/2006/enciclo/encicloverb/0,5977,POR-2766,00.html>. Acesso em: 20 nov. 2014.

BENI, M. C. Análise estrutural do turismo. 6. ed. São Paulo: Senac, 2001.

BENITES, L. F. R. R. Cultura e reversibilidade: breve reflexão sobre a abordagem "inventiva" de Roy Wagner. Revista Campos, Curitiba, v. 8, n. 2, p. 117-130, 2007. Disponível em: <http://ojs.c3sl.ufpr.br/ojs2/index.php/campos/article/view/11170/7773>. Acesso em: 17 set. 2014.

BOULLÓN, R. C. Planificación del espacio turístico. 3. ed. México: Trillas, 1997.

BULHÕES, N. G. A importância do uso do símbolo da Unesco na promoção de destinos turísticos patrimônio da humanidade: o caso de Diamantina. 94 p. Trabalho de Conclusão de Curso (Graduação em Turismo) – Faculdade Interdisciplinar em Humanidades, Universidade Federal dos Vales do Jequitinhonha e Mucuri, Diamantina, 2011.

CAMARGO, H. L. Patrimônio histórico e cultural. São Paulo: Aleph, 2002. (Coleção ABC do Turismo).

CAMARGO, P.; CRUZ, G. Imagem de marca de destino: promovendo o patrimônio cultural intangível. In: _____. Turismo cultural: estratégias, sustentabilidade e tendências. Ilhéus: Editus, 2009. p. 205.

COSTA, F. R. Turismo e patrimônio cultural: interpretação e qualificação. São Paulo: Senac, 2009.

DE MASI, D. Ócio criativo. Rio de Janeiro: Sextante, 2000.

DECICINO, R. África: geografia física – espaço natural, relevo, hidrografia, clima e vegetação. Uol Educação, 28 jan. 2006. Disponível em: <http://educacao.uol.com.br/disciplinas/geografia/africa---geografia-fisica-espaco-natural-relevo-hidrografia-clima-e-vegetacao.htm>. Acesso em: 26 mar. 2014.

DIAS, C. Vandalismo dos fanáticos: milícia do Taliban decide destruir relíquias históricas e apagar todo o rico passado pré-islâmico do Afeganistão.

Veja On-Line, n. 1690, 7 mar. 2001. Disponível em: <http://veja.abril.com.br/070301/p_052.html>. Acesso em: 20 nov. 2014.

DIAS, R. Introdução ao turismo. São Paulo: Atlas, 2011.

ESTEVE SECALL, R. Turismo, ¿democratización o imperialismo? Málaga: Universidad de Málaga, 1983. (Colección Meridiano).

FUNIBER – Fundação Universitária Ibero-Americana. Apostila IV: formação turística. (Disciplina Turismo Alternativo II). [S.I., s.d.].

HOAUISS, A.; VILLAR, M. de S. Dicionário Houaiss de língua portuguesa. Versão 3.0. Rio de Janeiro: Instituto Antônio Houaiss; Objetiva, 2009. 1 CD-ROM.

ICCROM – International Centre for the Study of the Preservation and Restoration of Cultural Property. History. Disponível em: <http://www.iccrom.org/about/history>. Acesso em: 20 nov. 2014.

IPHAN – Instituto do Patrimônio Histórico e Artístico Nacional. Carta de Veneza, maio 1964. Disponível em: <http://portal.iphan.gov.br/portal/baixaFcdAnexo.do?id=236>. Acesso em: 20 nov. 2014.

_____. Patrimônio cultural. Disponível em: <http://portal.iphan.gov.br/portal/montarPaginaSecao.do?id=20&sigla=PatrimonioCultural&retorno=paginaIphan>. Acesso em: 22 mar. 2014a.

_____. Patrimônio mundial. Disponível em: <http://portal.iphan.gov.br/portal/montarPaginaSecao.do?id=17155&retorno=paginaIphan>. Acesso em: 17 set. 2014b.

KÖHLER, A. F.; DURAND, J. C. G. Turismo cultural: conceituação, fontes de crescimento e tendências. Turismo – Visão e Ação, Itajaí, v. 9, n. 2, p. 185-198, maio/ago. 2007. Disponível em: <http://www6.univali.br/seer/index.php/rtva/article/view/204>. Acesso em: 17 set. 2014.

KRIPPENDORF, J. Sociologia do turismo: por uma nova compreensão do lazer e das viagens. 3. ed. rev. São Paulo: Aleph, 2003.

MEDAGLIA, J.; SILVEIRA, C. E. Conhecer para respeitar: patrimônio e cidadania em Diamantina/MG. Participação: Revista do Decanato de Extensão da UnB, Brasília, n. 23/24, p. 93-100, 2013. Disponível em: <http://seer.bce.unb.br/index.php/participacao/article/viewFile/10202/7496>. Acesso em: 11 mar. 2014.

OLIVEIRA, A. P. Turismo e desenvolvimento: planejamento e organização. 3. ed. rev. e ampl. São Paulo: Atlas, 2001.

ONU – Organização das Nações Unidas. A criação da ONU. In: NOVA ESCOLA. Fim da Segunda Guerra e criação da ONU. Plano de ensino. Disponível em: <http://www.gentequeeduca.org.br/planos-de-aula/fim-da-segunda-guerra-mundial-e-criacao-da-onu>. Acesso em: 20 nov. 2014.

RODRIGUES, L.; ENGE, B. Manual do turista brasileiro. São Paulo: Aleph, 2000.

RODRIGUES, M. Preservar e consumir: o patrimônio histórico e o turismo. In: FUNARI, P. P.; PINSKY, J. (Org.). Turismo e patrimônio cultural. São Paulo: Contexto, 2001. p. 13-24.

SILVEIRA, C. E. La planificación turística en el ámbito de la formación superior en Turismo: el caso de Curitiba, Paraná, Brasil. 320 p. Tese (Doutorado em Turismo) – Universidade de Málaga, Málaga, 2009.

SILVEIRA, C. E.; MEDAGLIA, J. A influência da ideologia do capitalismo industrial no desenvolvimento do turismo de massa europeu e suas consequências na política nacional de turismo brasileira. In: SEMINÁRIO DE PESQUISA EM TURISMO DO MERCOSUL, 4., 2006, Caxias do Sul. Anais... Caxias do Sul: Ed. da UCS, 2006. Disponível em: <http://webcache.googleusercontent.com/search?q=cache:DfrRIqEzob4J:www.ucs.br/ucs/tplSemMenus/eventos/seminarios_semintur/semin_tur_4/arquivos_4_seminario/GT02-3.pdf+&cd=1&hl=pt-BR&ct=clnk&gl=br>. Acesso em: 11 mar. 2014.

_____. O papel histórico do turismo de massa na consolidação da União Europeia e suas relações com a política nacional de turismo no Brasil. Turismo – Visão e Ação, Itajaí, v. 12, n. 2, p. 159–171, maio-ago. 2010. Disponível em: <http://www6.univali.br/seer/index.php/rtva/article/view/643>. Acesso em: 29 jul. 2014.

SONAGLIO, K. E.; LAPOLLI, E. M. Uma abordagem transdisciplinar para o desenvolvimento sustentável do ecoturismo. Turismo – Visão e Ação, Itajaí, v. 5, n. 2, p. 161-168, maio-ago. 2003. Disponível em: <http://

www6.univali.br/seer/index.php/rtva/article/view/1138/901>. Acesso em: 8 abr. 2014.

SWARBROOKE, J.; HORNER, S. O comportamento do consumidor no turismo. Tradução de Saulo Krieger. São Paulo: Aleph, 2002.

TRÍLITO. In: Aulete Digital. Disponível em: <http://www.aulete.com.br/trilito>. Acesso em: 25 nov. 2014.

UN – United Nations. UNWTO – The United Nations World Tourism. UNWTO World Tourism Barometer. 2014. Disponível em: <http://mkt.unwto.org/en/barometer>. Acesso em: 17 set. 2014.

UNESCO – Organização das Nações Unidas para a Educação, a Ciência e a Cultura. Áreas protegidas da região floral da Cidade do Cabo. Disponível em: <http://whc.unesco.org/en/list/1007http://whc.unesco.org/en/list/1007>. Acesso em: 17 set. 2014a.

_____. Convenção para a proteção do patrimônio mundial, cultural e natural: definições do patrimônio cultural e natural – artigo 1º. Paris: 17 out.-21 nov. 1972. Disponível em: <http://whc.unesco.org/archive/convention-pt.pdf>. Acesso em: 22 mar. 2014.

_____. Divisão mundial da Unesco. Disponível em: <http://whc.unesco.org/en/statesparties>. Acesso em: 25 nov. 2014b.

_____. Emblema do Patrimônio Mundial. Disponível em <http://whc.unesco.org/en/emblem>. Acesso em: 20 nov. 2014c.

_____. Introducing Unesco. Disponível em: <http://en.unesco.org/about-us/introducing-unesco>. Acesso: 20 nov. 2014d.

_____. Lista do Patrimônio Mundial (World Heritage List Satatistics). Disponível em: <http://whc.unesco.org/en/list/stat#s1>. Acesso em: 25 nov. 2014e.

_____. Mapa do patrimônio mundial da Unesco. Disponível em: <http://whc.unesco.org/en/list>. Acesso em: 20 nov. 2014f.

_____. O patrimônio: legado do passado ao futuro. Disponível em: <http://www.unesco.org/new/pt/brasilia/culture/world-heritage/heritage-legacy-from-past-to-the-future>. Acesso em: 25 nov. 2014g.

UNESCO – Organização das Nações Unidas para a Educação, a Ciência e a Cultura. Os critérios para seleção. Disponível em: <http://whc.unesco.org/en/criteria>. Acesso em: 17 set. 2014h.

_____. Patrimônio cultural imaterial. Disponível em: <http://www.unesco.org/new/pt/brasilia/culture/world-heritage/intangible-heritage>. Acesso em: 21 nov. 2014i.

_____. Unesco Organização das Nações Unidas para a Educação, a ciência e a Cultura. Patrimônio cultural no Brasil. Disponível em: <http://www.unesco.org/new/pt/brasilia/culture/world-heritage/cultural-heritage>. Acesso em: 26 mar. 2014j.

_____. Programa Patrimônio Mundial e Turismo Sustentável. Disponível em: <http://whc.unesco.org/en/tourism>. Acesso em: 17 set. 2014k.

_____. Unesco: O que é? O que faz? Disponível em: <http://unesdoc.unesco.org/D4A1C715-8CA5-48C9-A1BF-C1ED60B6D630/FinalDownload/DownloadId-B11B257126446779161834 62530EC77A/D4A1C715-8CA5-48C9-A1BF-C1ED60B6D630/images/0018/001887/188700por.pdf>. Acesso em: 20 nov. 2014l.

UTAD JARDIM BOTÂNICO Proteaceae. Disponível em: <http://jd.utad/ordem/proteales>. Acesso em: 25 nov. 2014.

VALLS, J. F. Las claves del mercado turístico: cómo competir en el nuevo entorno. Bilbao: Deusto, 2003.

WAGNER, R. The Invention of Culture. Chicago: The University of Chicago Press, 1981.

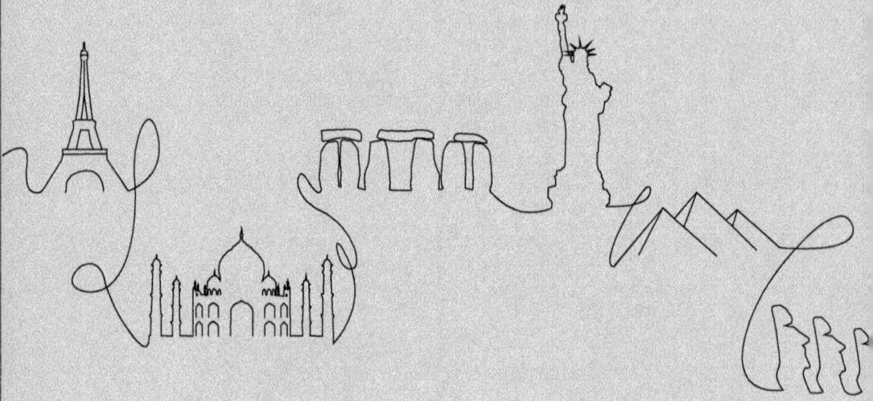

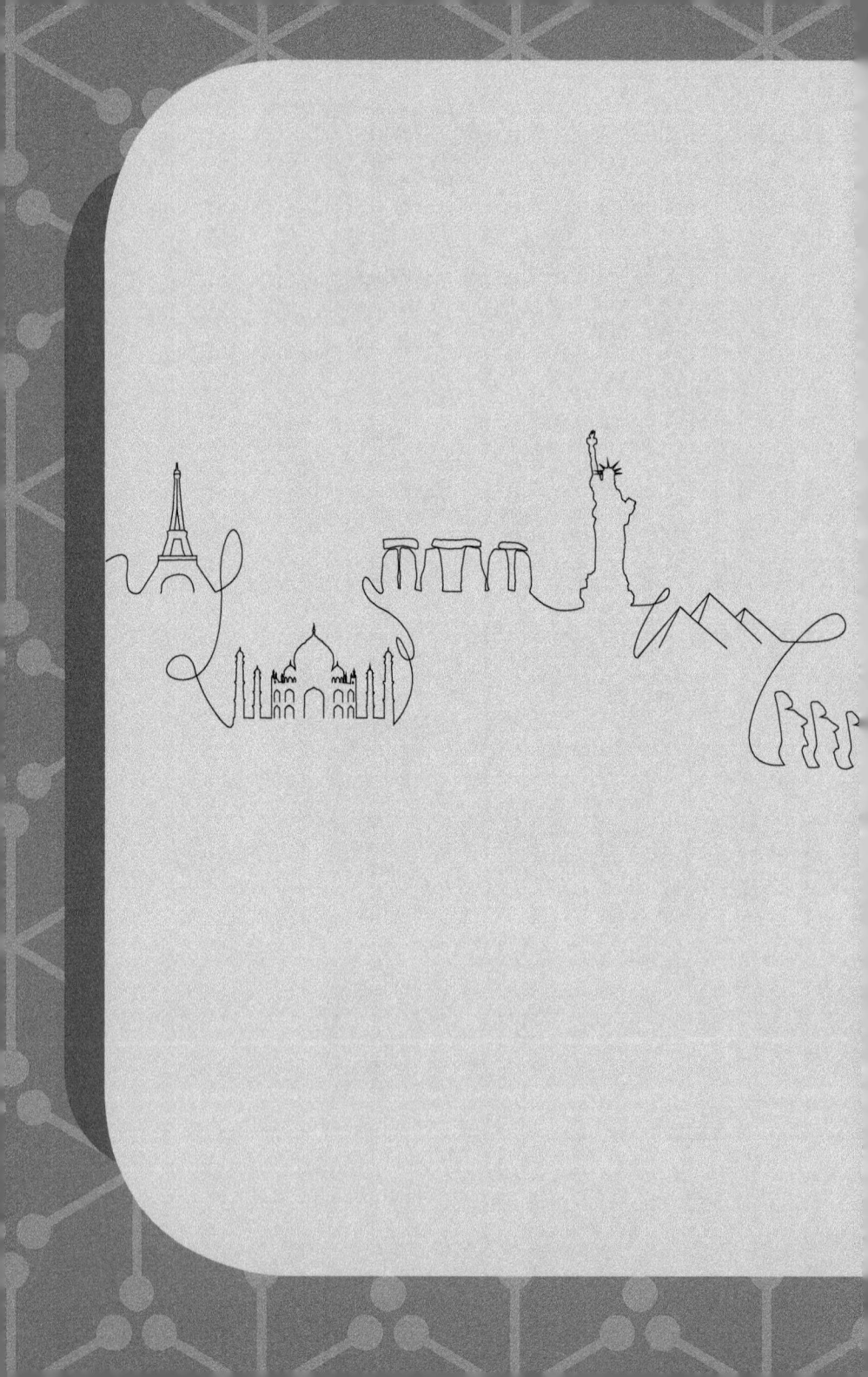

••• RESPOSTAS •••

1

Questões para revisão

1. c
2. a
3. d
4. Sete se referem aos bens culturais e três aos naturais.
5. Identificar os bens inscritos na Lista do Patrimônio Mundial da Organização das Nações Unidas para a Educação, a Ciência e a Cultura (Unesco).

2

Questões para revisão

1. b
2. d
3. d
4. Religião, cultura, geografia, história e gastronomia.

5. O conjunto de bens naturais ou culturais que representam a herança de determinado grupo de pessoas e que, por esse motivo, devem ser vivenciados por gerações futuras, atraindo o interesse a ponto de gerar um fluxo turístico motivado a conhecê-lo e visitá-lo.

3

Questões para revisão

1. c
2. c
3. b
4. Fica na região que compreende Europa e América do Norte.
5. Mais ligadas ao patrimônio natural, tanto pela exuberância desses atrativos como pela jovialidade dos países na qualidade de colônias.

4

Questões para revisão

1. a
2. a
3. b
4. Turquia e Rússia.
5. Egito e África do Sul, por serem os países mais visitados das regiões não contempladas na lista da Organização Mundial do Turismo (OMT).

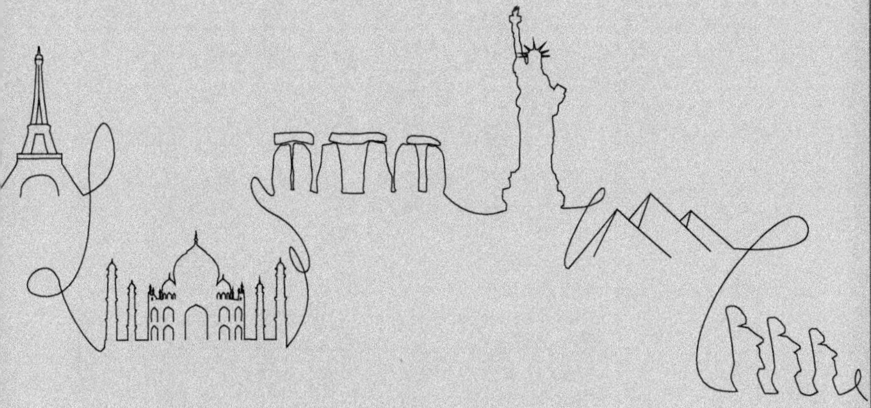

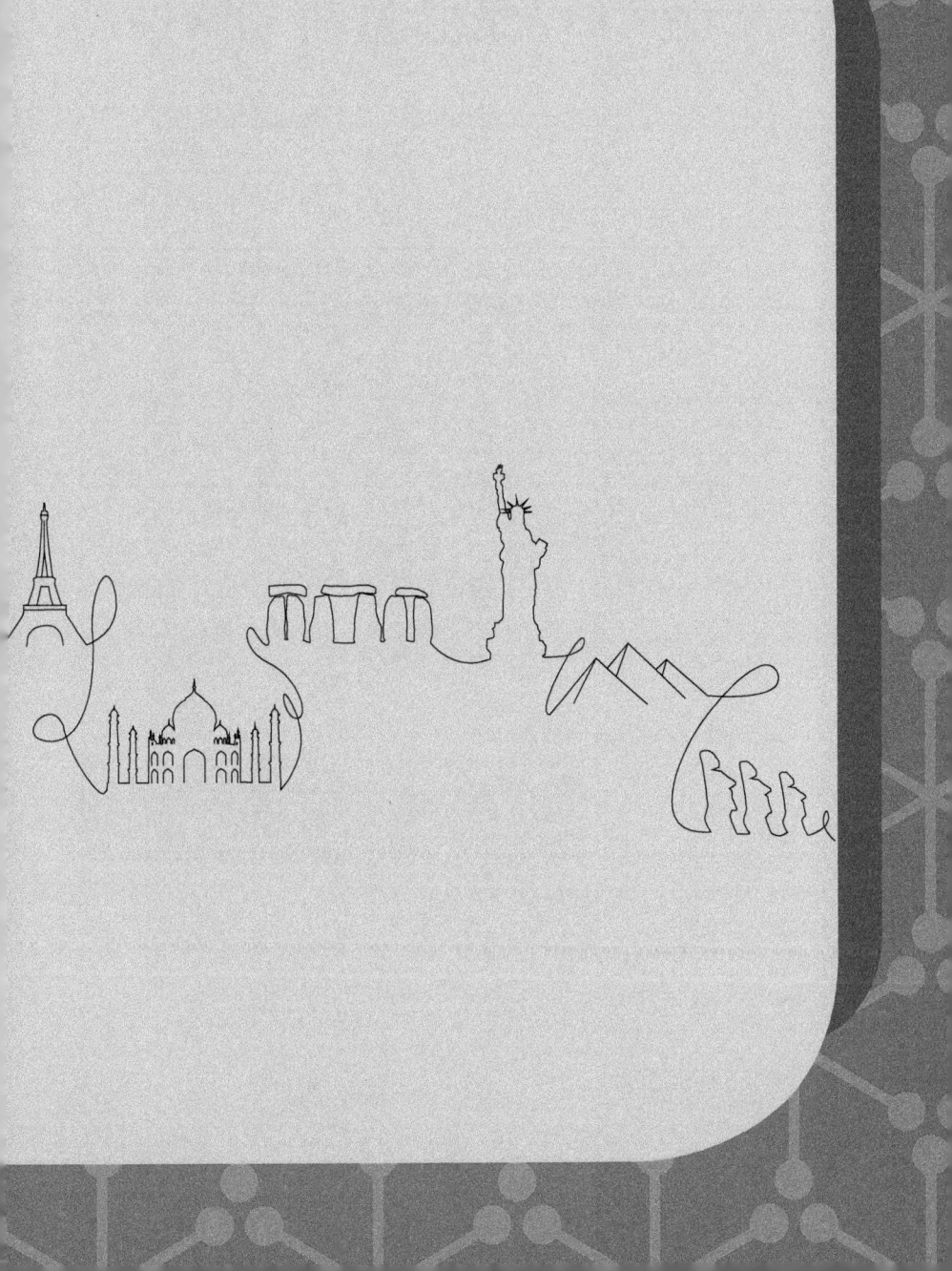

ANEXO 1

Lista do Patrimônio Mundial

Afeganistão	2002 Minarete e vestígios arqueológicos de Jam; 2003 Paisagem cultural e vestígios arqueológicos do Vale de Bamiyan
África do Sul	1999 Parque da Zona Úmida de Santa-Lúcia; 1999 Sítios de Hominídeos Fósseis de Sterkfontein, Swartkrans, Kromdraai e Arredores; 1999 Ilha Robben; 2000 UKhahlamba/Parque de Drakensberg; 2003 Paisagem cultural de Mapungubwe; 2004 Áreas Protegidas da Região Floral do Cabo; 2005 Domo de Vredefort; 2007 Paisagem Cultural e Botânica de Richtersveld
Albânia	1992 Butrinti; 2005 Cidade-museu de Gjirokastra
Alemanha	1978 Catedral de Aix-la-Chapelle; 1981 Catedral de Spire; 1981 Residência de Wurtzburgo, seus Jardins internos e a Praça da Residência; 1983 Igreja de Peregrinação de Wies; 1984 Castelo de Augustusburgo e de Falkenlust em Brühl; 1985 Catedral Santa Maria e Igreja de São Miguel de Hildesheim; 1986 Treves; Monumentos Românicos, Catedral e Igreja de Notre Dame; 1987 Cidade Hanseática de Lübeck; 1990 Castelos e parques de Potsdam e de Berlim; 1991 Abadia e Antigo Mosteiro de Lorsch; 1992 Minas de Rammelsberg e Cidade Histórica de Goslar e Sistema de Gestão Hídrica do Alto Harz; 1993 Cidade de Bamberg; 1993 Mosteiro de Maulbronn; 1994 Colegiata, Castelo e Centro Histórico de Quedlinburg; 1994 Usina Siderúrgica de Völklingen; 1995 Sítio Fossilífero de Messel;

(continua)

(continuação)

Alemanha	1996 Catedral de Colônia; 1996 Bauhaus e seus sítios em Weimar e Dessau; 1996 Monumentos Comemorativos de Lutero em Eisleben e em Wittenberg; 1998 Weimar Clássico; 1999 Museumsinsel (Ilha dos Museus), Berlim; 1999 Fortaleza de Wartburgo; 2000 Reino dos Jardins de Dessau-Wörlitz; 2000 Ilha Monástica de Reichenau; 2001 Complexo Industrial da Mina Carvoeira de Zollverein; 2002 Centros Históricos de Starlsund e Wismarr; 2002 Vale do Médio Reno Superior; 2004 Vale do Elba em Dresden; 2004 Prefeitura e Estátua de Roland na Praça do Mercado de Bremen; 2006 Cidade Antiga de Regensburgo com Stadtamhof; 2012 Ópera Margrave em Bayerouth; 2012 Schwetzingen: uma residência de verão do príncipe eleito; 2013 Parque de Montanha Wilhelmshöhe
Alemanha e Holanda	2009 Mar de Wadden
Alemanha e Polônia	2004 Parque de Muskau/Parque Muzahowski
Andorra	2004 Vale do Madriu-Perafita-Claror
Arábia Saudita	2010 Distrito de At-Turaif em ad-Dir'iyah
Argélia	1980 Palácio dos Beni Hammad; 1982 Tassili de Ajjer; 1982 Vale do M'Zab; 1982 Djemila; 1982 Tipasa; 1982 Timgad; 1992 Casbah de Alger
Argentina	1981 Los Glaciares; 1984 Parque Nacional do Iguaçu; 1999 Caverna de las Manos, Rio Pinturas; 1999 Península de Valdés; 2000 Conjunto e Estâncias Jesuítas de Córdoba; 2000 Parques Naturais de Ischigualasto e Talampaya; 2003 Quebrada de Humahuaca
Argentina e Brasil	1984 Missões Jesuíticas dos Guaranis: San Ignacio Mini, Santa Ana, Nossa Senhora de Loreto e Santa María Mayor (Argentina), Ruínas de São Miguel das Missões (Brasil)
Armênia	1996 Monastério de Haghpat; 2000 Monastério de Geghard e o Alto Vale de Azat; 2000 Catedral e Igrejas de Echmiatsin e o Sítio Arqueológico de Zvartnots

(continuação)

Austrália	1981 A Grande Barreira; 1981 Parque Nacional de Kakadu; 1981 Região dos Lagos Willandra; 1982 Áreas Selvagens da Tasmânia; 1982 Ilhas Lord Howe; 1987 Parque Nacional de Uluru-Kata Tjuta; 1987 Reservas Florestais Ombrófilas da Austrália; 1988 Trópicos Úmidos de Queensland; 1991 Baía Shark, Austrália Ocidental; 1992 Ilha Fraser; 1994 Sítios Fossilíferos de Mamíferos da Austrália (Riversleigh/Naracoorte); 1997 Ilhas Heard e McDonald; 1997 Ilha Macquarie; 2000 Região das Montanhas Azuis; 2003 Parque Nacional de Purnululu; 2004 Palácio Real de Exposições e Jardins Carlton; 2007 Ópera de Sydney; 2010 Locais de Degredo na Austrália
Áustria	1996 Centro Histórico da Cidade de Salzburg; 1996 Palácio e Jardins de Schönbrunn; 1997 Paisagem Cultural de Hallstatt-Dachstein/Salzkammergut; 1998 Estrada de ferro de Semmering; 1999 Cidade de Graz – Centro Histórico e Palácio Eggenberg; 2000 Paisagem Cultural de Wachau; 2001 Centro Histórico de Viena
Áustria e Hungria	2001 Paisagem Cultural de Ferto/Neusiedlersee
Azerbaijão	2000 Cidade Fortificada de Baku, o Palácio dos Xás de Chirvan e a Torre da Virgem; 2007 Paisagem Cultural de Arte Rupestre de Gobustan
Bangladesh	1985 Cidade-mesquita Histórica de Bagerhat; 1985 Ruínas do Vihara Budista de Paharpur; 1997 Os Sundarbans
Barein	2005 Qal'at al-Bahrain – Porto Antigo e Capital de Dilmun; 2012 Atividades peroleiras, testemunho de uma economia insular
Belarus	2000 Complexo do Castelo de Mir; 2005 Complexo Cultural, Residencial e Arquitetônico da Família Radziwill em Nesvizh (Belarus); 2005 Arco Geodésico de Struve (Belarus)
Belarus e Polônia	1992 Floresta Beloveshskaya Pushcha/Bialowieza
Bélgica	1998 Beguinarias Flamengas; 1998 Os Quatro Elevadores do Canal do Centro e seu Sítio, a Louvière e o Roeulx (Hainault); 1998 A Grande-Praça de Bruxelas; 1999 Torres de Flandres e da Valônia; 2005 Complexo de casa-oficinas-museu Plantin-Moretus; 2009 Palácio Stoclet; 2012 Sítios principais de mineração de Valônia

(continuação)

Belize	1996 Rede de Reservas de Recifes da Barreira do Belize
Benin	1985 Palácio Real de Abomey
Bolívia	1987 Cidade de Potosi; 1990 Missões Jesuíticas de Chiquitos; 1991 Cidade Histórica de Sucre; 1998 Forte de Samaipata; 2000 Parque Nacional de Noel Kempff Mercado; 2000 Tiwanaku: Centro Espiritual e Político da Cultura Tiwanaku
Bósnia e Herzegovina	2005 Bairro da Ponte Velha da Cidade Antiga de Mostar (Bósnia e Herzegovina); 2007 Ponte Mehmed Paša Sokolović em Višegrad (Bósnia e Herzegovina)
Brasil	1980 Cidade Histórica de Ouro Preto; 1982 Cidade Histórica de Olinda; 1985 Centro Histórico de Salvador, Bahia; 1985 Santuário de Bom Jesus em Congonhas; 1986 Parque Nacional do Iguaçu; 1987 Brasília; 1991 Parque Nacional da Serra da Capivara; 1997 Centro Histórico de São Luís, Maranhão; 1999 Centro Histórico da Cidade de Diamantina; 1999 Costa do Descobrimento – Reserva da Mata Atlântica; 1999 Mata Atlântica – Reservas do Sudeste; 2000 Área de Conservação do Pantanal; 2000 Parque Nacional do Jaú; 2001 Centro Histórico da Cidade de Goiás; 2001 Áreas protegidas do Cerrado: Chapada dos Veadeiros e Parque Nacional das Emas; 2001 Ilhas Atlânticas Brasileiras: Reservas de Fernando de Noronha e Atol das Rocas; 2010 Praça de São Francisco, na cidade de São Cristóvão, SE; 2012 Rio de Janeiro, paisagens cariocas entre a montanha e o mar
Bulgária	1979 Igreja de Boyana; 1979 Cavaleiro de Madara; 1979 Igrejas Rupestres de Ivanovo; 1979 Túmulo Trácio de Kazanlak; 1983 Cidade Antiga de Nessebar; 1983 Reserva Natural de Srébarna; 1983 Parque Nacional de Pirin; 1983 Mosteiro de Rila; 1985 Túmulo Trácio de Svechtari
Burquina Faso	2009 Ruínas de Loropéni
Cabo Verde	2009 Cidade Velha, Centro Histórico de Ribeira Grande
Camarões	1987 Reserva de Fauna do Dja
Cambodja	1992 Angkor

(continuação)

Canadá	1978 Parque Nacional Histórico de Anse em Meadows; 1978 Parque Nacional Nahanni; 1979 Parque Municipal dos Dinossauros; 1981 Ilha Anthony; 1981 Segmento do Precipício dos Bisões "Head-Smashed-In Buffalo Jump Complex"; 1983 Parque Nacional de Wood Buffalo; 1984 Parque das Rochosas Canadenses; 1985 Bairro Histórico do Quebec; 1987 Parque Nacional do Grande Morne; 1995 Cidade Antiga de Lunenburg; 1999 Parque de Miguasha; 2007 Canal Rideau; 2012 Paisagem do Grand-Pré; 2013 Estação Baleeira Red Bay Basque
Canadá e Estados Unidos da América	1979 Tatshenshini-Alsek/Parque Nacional de Kluane, Parque Nacional e Reserva de Wrangell-St-Elias e Parque Nacional da Baía dos Glaciers; 1995 Geleira Waterton – Parque Internacional da Paz
Catar	2013 Sítio arqueológico Al Zubarah
Cazaquistão	2003 Mausoléu de Khoja Ahmed Yasawi; 2004 Petroglifos da Paisagem Arqueológica de Tamgaly
Chade	2012 Lagos de Ounianga
Chile	1995 Parque Nacional de Rapa Nui; 2000 Igrejas de Chiloé; 2003 Bairro histórico da cidade portuária de Valparaíso; 2005 Usinas de salitre de Humberstone e Santa Laura; 2006 Cidade mineira de Sewell
China	1987 Monte Taishan; 1987 Palácio Imperial das Dinastias Ming e Quing; 1987 Grutas de Mogao; 1987 Mausoléu do Primeiro Imperador Qin; 1987 Sítio do Homem de Pekin em Zhoukoudian; 1990 Monte Huangshan; 1992 Região de interesse Panorâmico e Histórico do Vale de Jiuzhaigou; 1992 Região de interesse Panorâmico e Histórico de Huanglong; 1992 Região de interesse Panorâmico e Histórico de Wulingyuan; 1994 Residência de Montanha e Templos Vizinhos em Chengde; 1994 Templo, Cemitério de Confúcio e Residência da família Kong em Qufu; 1994 Conjunto das Edificações Antigas nas Montanhas de Wudang; 1994 Palácio de Potala, Lhasa; 1996 Parque Nacional de Lushan; 1996 Paisagem Panorâmica do Monte Emei, incluindo a Paisagem Panorâmica do Grande Buda de Leshan; 1997 Cidade Antiga de Ping Yao; 1997 Jardins Clássicos de Suzhou; 1997 Cidade Antiga de Lijiang; 1998 Palácio de Verão e Jardim Imperial de Beijing;

(continuação)

China	1998 Templo do Céu, Altar Sagrado Imperial em Beijing; 1999 Monte Wuyi; 1999 Esculturas Rupestres de Dazu; 1994, 2000 Palácio de Potala e o Monastério do Templo de Jokhang, Lhasa (extensão); 1997, 2000 Jardins Clássicos de Suzhou (extensão); 2000 Monte Qincheng e o Sistema de Irrigação de Dujiangyan; 2000 Cidades Históricas do Sul do Anhui – Xidi e Hongcun; 2000 Grutas de Longmen; 2000 Túmulos Imperiais das Dinastias Ming e Qing; 2001 Grutas de Yungang; 2003 Áreas protegidas dos três rios paralelos de Yunnan; 2004 Capitais e tumbas do antigo Reino de Koguryo; 2005 Centro Histórico de Macau; 2006 Santuários do Panda Gigante de Sichuan; 2006 Yin Xu; 2007 Carste do Sul da China; 2007 Diaolou e Vilas de Kaiping; 2009 Monte Wutai; 2010 Monumentos Históricos de Dengfeng, "Centro do Céu e da Terra"; 2010 Relevo de Danxia; 2012 Sítio de Xanadu; 2012 Sítio Fossilífero de Chengjian; 2013 Paisagem Cultural dos Terraços de Arroz de Honghe Hani; 2013 Cordilheira Xinjiang Tianshan
Chipre	1980 Pafos; 1985 Igrejas Pintadas da Região de Troodos; 1998 Choirokoitia
Colômbia	1984 Porto, Fortalezas e Conjunto Monumental de Cartagena; 1994 Parque Nacional Los Katios; 1995 Centro Histórico de Santa Cruz de Mompox; 1995 Parque Arqueológico Nacional de Tierradentro; 1995 Parque Arqueológico de San Agustín; 2006 Santuário de Fauna e Flora de Malpelo
Congo	1979 Parque Nacional dos Virunga; 1981 Parque Nacional da Garamba; 1980 Parque Nacional de Kahuzi-Biega; 1984 Parque Nacional da Salonga; 1996 Reserva de Fauna de Okapis
Congo, Camarões e República da África Central	2012 Sangha Trinacional
Coreia do Norte	2013 Monumentos e Sítios Históricos em Kaesong
Coreia do Sul	1995 Gruta de Sokkuram e Templo Pulguksa; 1995 Templo de Haiensa Changgyong P'ango, Depósito de Tabuinhas de Tripitaka Koreana; 1995 Santuário de Chongmyo; 1997 Conjunto do Palácio de Ch'angdokkung; 1997 Fortaleza de Ilwasong; 2000 Áreas Históricas de Kyongju; 2007 Ilha Vulcânica e túneis de lava de Jeju; 2009 Tumbas Reais da Dinastia Joseon; 2010 Vilas Históricas da Coreia: Hahoe e Yangdong

(continuação)

Costa do Marfim	1982 Parque Nacional do Taï; 1983 Parque Nacional da Comoe; 2012 Cidade histórica de Grand-Bassam
Costa Rica e Panamá	1983 Reserva da Cordilheira de Talamanca-La Amistad/Parque Nacional La Amistad
Costa Rica	1997 Parque Nacional da Ilha de Cocos; 1999 Zona de Conservação de Guanacaste
Croácia	1979 Cidade Antiga de Dubrovnik; 1979 Núcleo Histórico de Split e o Palácio de Dioclétien; 1979 Parque Nacional Plitvice; 1997 Conjunto Episcopal da Basílica Eufrasiana no Centro Histórico de Porec; 1997 Cidade Histórica de Trogir; 1979, 2000 Parque Nacional de Plitvice (Bem natural – extensão); 2000 Catedral de St. James em Šibenik
Cuba	1982 Cidade Antiga de Havana e seu Sistema de Fortificações; 1988 Trinidad e Vale de Los Ingenios; 1997 Castelo de São Pedro de la Roca, Santiago de Cuba; 1999 Vale dos Vinales; 1999 Parque Nacional Desembarco del Granma; 2000 Paisagem Arqueológica das Primeiras Plantações de Café do Sudeste de Cuba; 2001 Parque Nacional Alejandro de Humboldt; 2005 Centro Histórico Urbano de Cienfuegos
Dinamarca	1994 Tumulus, Pedras Rúnicas e Igreja de Jelling; 1995 Catedral de Roskilde; 2000 Castelo de Kronborg; 2004 Fiorde de Ilulissat
Dominica	1997 Parque Nacional de Morne Trois Pitons
Egito	1979 Tebas Antiga e sua Necrópole; 1979 O Cairo Islâmico; 1979 Mênfis e sua Necrópole – Zonas das Pirâmides de Gizé em Dahchur; 1979 Monumentos da Núbia de Abou Simbel em Filas; 1979 Abou Mena; 2005 Wadi Al-Hitan (Vale das Baleias)
El Salvador	1993 Sítio Arqueológico de Joya de Ceren
Equador	1978 Cidade de Quito; 1983 Parque Nacional de Sangay; 1999 Centro Histórico de Santa Ana de los Ríos de Cuenca
Eslováquia	1993 Vlkolínec; 1993 Spissky Hrad e Monumentos Culturais Associados; 1993 Banska Stiavnica; 2000 Reserva de Conservação da Cidade de Bardejov; 2007 Florestas Primitivas de Faia dos Cárpatos
Eslovénia e Espanha	2012 Patrimônio do mercúrio – Almadén e Idrija
Eslovénia	1986 Grutas de Skocjan
Espanha e França	1997 Pirineus – Monte Perdu

(continuação)

Espanha	1984 Centro Histórico de Córdoba; 1984 Alhambra, Generalife, Albaicín em Granada; 1984 Catedral de Burgos; 1984 Mosteiro e Sítio do Escurial, Madri; 1984 Parque Güell, Palácio Güell, Casa Mila em Barcelona; 1985 Gruta de Altamira; 1985 Cidade Antiga de Segóvia e seu Aqueduto; 1985 Monumentos de Oviedo e do Reino de Astúrias; 1985 Cidade Antiga de Santiago de Compostela; 1985 Cidade Antiga de Ávila com suas Igrejas Extramuros; 1986 Arquitetura Medéjar de Teruel; 1986 Cidade Histórica de Toledo; 1986 Parque Nacional de Garajonay; 1986 Cidade Antiga de Cáceres; 1987 Catedral, Alcazar e Arquivo das Índias em Sevilha; 1988 Cidade Antiga de Salamanca; 1993 Mosteiro de Poblet; 1993 Conjunto Arqueológico de Mérida; 1993 Mosteiro Real de Santa María de Guadalupe; 1993 Caminho de Santiago de Compostela; 1994 Parque Nacional de Doñana; 1996 Cidade Histórica Fortificada de Cuenca; 1996 Mercado de Seda de Valência; 1997 Las Médulas; 1997 Palácio da Música Catalã e Hospital de Sant Pau, Barcelona; 1997 Mosteiros de São Millán de Yuso e de Suso; 1998 Sítios de Arte Rupestre Pré-Histórica do Vale do Côa e Siega Verde; 1998 Universidade e Bairro Histórico de Alcalá de Henares; 1999 Ibiza – Biodiversidade e Cultura; 1999 San Cristóbal de la Laguna; 2000 Conjunto Arqueológico de Tárraco; 2000 Palmeiral de Elche; 2000 Muralha Romana de Lugo; 2000 Igrejas Românicas Catalãs do Vall de Boí; 2000 Sítio Arqueológico de Atapuerca; 2001 Paisagem Cultural de Aranjuez; 2003 Conjuntos monumentais renascentistas de Úbeda e Baeza; 2006 Ponte Vizcaya; 2007 Parque Nacional de Teide; 2009 Torre de Hércules
Estados Unidos da América	1978 Mesa Verde; 1978 Yellowstone; 1979 Parque Nacional dos Everglades; 1979 Parque Nacional do Grande Canyon; 1979 Independence Hall; 1980 Parque Nacional Redwood; 1981 Parque Nacional de Mammoth Cave; 1981 Parque Nacional Olímpico; 1982 Sítio Histórico do Estado de Cahokia Mounds; 1983 Parque Nacional de Great Smoky Mountains; 1983 Fortaleza e Centro Histórico de San Juan de Porto Rico; 1984 Estátua da Liberdade; 1984 Parque Nacional do Yosemite; 1987 Monticello e Universidade da Virgínia em Charlottesville; 1987 Parque Nacional Histórico de Chaco; 1987 Parque Nacional dos Vulcões do Hawaí; 1992 Pueblo de Taos; 1995 Parque Nacional das Grutas de Carlsbad; 2010 Papahānaumokuākea
Estônia	1997 Centro Histórico (Cidade Antiga) de Tallin
Etiópia	1978 Igrejas Escavadas na Rocha do Lalibela; 1978 Parque Nacional do Simen; 1979 Fasil Ghebbi; 1980 Aksum; 1980 Vale do Auache; 1980 Vale do Omo; 1980 Tiya; 2006 Harar Jugol, a Cidade Histórica Fortificada

(continuação)

Federação Russa/Lituânia	2000 Istmo da Curlândia
Federação Russa	1990 Centro Histórico de São Petersburgo e Conjuntos Monumentais Anexos; 1990 Khizi Pogost; 1990 Kremlin e a Praça Vermelha, Moscou; 1992 Monumentos Históricos de Novgorod e seus arredores; 1992 Conjunto Histórico, Cultural e Natural das Ilhas Solovetsky; 1992 Monumentos de Vladimir e de Souzdal; 1993 Conjunto Arquitetônico e Monástico da Trindade-São Sérgio em Sergiev Posad; 1994 Igreja da Assunção em Kolomenskoye; 1995 Florestas Virgens de Komi; 1996 Lago Baikal; 1996 Vulcões da Península de Kamchatka; 1998 Montanhas Douradas do Altai; 1999 Oeste do Cáucaso; 2000 Conjunto do Monastério de Ferapontov; 2000 Complexo Arquitetônico e Histórico do Kremlin de Kazan; 2001 Sikhote-Alin Central; 2003 Cidadela, Cidade Antiga e edificações da Fortaleza de Derbent; 2004 Conjunto do Convento de Novodevichy; 2004 Sistema Natural da Reserva da Ilha Wrangel; 2005 Centro Histórico da Cidade de Yaroslavl; 2010 Plateau de Putorana; 2012 Parque Ecológico Lena Pillars
Fiji	2013 Cidade Portuária Histórica de Levuka
Filipinas	1993 Parque Marinho do Recife de Tubbataha; 1993 Igrejas Barrocas das Filipinas; 1995 Arrozais em Terraços das Cordilheiras das Filipinas; 1999 Cidade Histórica de Vigan; 1999 Parque Nacional do Rio Subterrâneo de Puerto Princesa
Finlândia	1991 Rauma Antiga; 1991 Fortaleza de Suomenlinna; 1994 Igreja Antiga de Petajavesi; 1996 Usina de Tratamento de Madeira e de Papelão de Verla; 1999 Sítio Funerário da Idade do Bronze de Sammallahdenmäki
França	1979 Catedral de Chartres; 1979 Grutas Ornamentadas do Vale do Vézère; 1979 Monte Saint-Michel e sua Baía; 1979 Palácio e Parque de Versailles; 1979 Basílica e Colina de Vézelay; 1981 Catedral de Amiens; 1981 Castelo e Parque de Chambord; 1981 Abadia Cisterciense de Fontenay; 1981 Palácio e Parque de Fontainebleau; 1981 Monumentos Romanos e Românicos de Arles; 1981 Teatro Antigo e seus arredores e o "Arco do Triunfo" de Orange; 1982 Salina Real de Arc-et-Senans; 1983 Praça Stanislas, Praça da Carrière e Praça da Aliança em Nancy; 1983 Igreja de São Savin no Gartempe;

(continuação)

França	1983 Cabos de Girolata e do Porto, Reserva Natural de Scandola e Convento de Piana na Córsega; 1985 Ponte do Gard; 1988 Estrasburgo – Grande Ilha; 1991 Paris, Margens do Rio Sena; 1991 Catedral de Notre Dame, Abadia Antiga de Saint-Remi e Palácio de Tau em Reims; 1992 Catedral de Bourges; 1995 Centro Histórico de Avignon; 1996 O Canal do Midi; 1997 Cidade Histórica Fortificada de Carcassonne; 1998 Caminho de Santiago de Compostela na França; 1998 Centro Histórico de Lyon; 1999 Jurisdição de Saint-Emilion; 2000 O Vale do Loire entre Sully-sur-Loire e Chalonnes; 2001 Provins, Cidade das feiras Medievais; 2005 Le Havre, a Cidade Reconstruída por Auguste Perret; 2007 Bordeaux, Porto da Lua; 2010 Cidade Episcopal de Albi; 2010 Picos, crateras e paredões da Ilha de Reunião; 2012 Bacia de mineração Nord-Pas de Calais
Gabão	2007 Ecossistema e Paisagem Cultural relíquia de Lopé-Okanda
Gâmbia e Senegal	2006 Círculos megalíticos de Senegâmbia
Gâmbia	2003 Ilha James e sítios associados
Geórgia	1994 Reserva da Cidade-Museu de Mtskheta; 1994 Catedral de Bagrati e Mosteiro de Ghélati; 1996 Alto Svaneti
Gana	1979 Forte e Castelos de Volta, de Accra e sua cercania e Regiões Central e Oeste; 1980 Edificações Tradicionais Achantis
Grécia	1986 Templo de Apolo Epicuro em Bassae; 1987 Sítio Arqueológico de Delfos; 1987 Acrópole de Atenas; 1988 Monte Atos; 1988 Meteoros; 1988 Monumentos Paleocristãos e Bizantinos de Tessalônica; 1988 Sítio Arqueológico de Epidauro; 1988 Cidade Medieval de Rodes; 1989 Sítio Arqueológico de Olímpia; 1989 Mistras; 1990 Delos; 1990 Mosteiro de Dafne, Hossios Luckas e Nea Moni de Quio; 1992 Pitagoreion e Heraion de Samos; 1996 Sítio Arqueológico de Vergina; 1999 Sítio Arqueológico de Micenas e de Tirinto; 1999 Centro Histórico (Chorá) com o Mosteiro de São João, o Teólogo e a Gruta do Apocalipse na Ilha de Pátmos; 2007 Cidade Antiga de Corfu
Guatemala	1979 Antigua Guatemala; 1979 Parque Nacional de Tikal; 1981 Parque Arqueológico e Ruínas de Quiriguá
Guiné e Costa do Marfim	1981 Reserva Natural e Integral do Monte Nimba

(continuação)

Haiti	1982 Parque Nacional Histórico – Cidadela, Sans-Souci, Ramiers
Holanda	1995 Schokland e Cercanias; 1996 Linha de Defesa de Amsterdã; 1997 Rede de Moinhos de Kinderdijk-Elshout; 1997 Zona Histórica de Willemstad, Centro da Cidade e Porto, Antilhas Neerlandesas; 1998 Ir. D.F. Woudagemaal (Estação de Bombeamento a Vapor de D.F. Wouda); 1999 Droogmakerij de Beemster (Pôlder de Beemster); 2000 Rietveld Schröderhuis (Casa Rietveld Schröder); 2010 Área de canais concêntricos do século XVII no Singelgracht em Amsterdã
Honduras	1980 Sítio Maia de Copan; 1982 Reserva da Biosfera do Rio Plátano
Hungria e Eslováquia	1995, 2000 Cavernas do Carste Aggtelek e do Carste eslovaco (extensão)
Hungria	1987 Budapeste, com as Margens do Danúbio, o Bairro do Castelo de Buda e a Avenida Andrássy; 1987 Hollokö; 1996 Mosteiro Beneditino Milenar de Pannonhalma e Cercania Natural; 1999 Parque Nacional de Hortobágy; 2000 Cemitério Paleo cristão de Pécs (Sopianae); 2002 Paisagem cultural histórica da região vinícola de Tokaj
Iêmen	1982 Cidade Antiga de Shibam e suas Muralhas; 1988 Cidade Antiga de Sana'a; 1993 Cidade Histórica de Zabid
Ilhas Marshall	2010 Atol de Bikini, Local de Testes Nucleares
Ilhas Maurício	2006 Aapravasi Ghat
Ilhas Salomão	1998 Rennell Est
Índia	1987 A Grande Muralha; 1983 Grutas de Ajanta; 1983 Grutas de Ellora; 1983 Forte de Agra; 1983 Taj Mahal; 1984 Templo do Sol em Konarak; 1985 Conjunto de Monumentos de Mahabalipuram; 1985 Parque Nacional de Kaziranga; 1985 Santuário de Fauna de Manas; 1985 Parque Nacional de Keoladeo; 1986 Igreja e Convento de Goa; 1986 Conjunto Monumental de Khajuraho; 1986 Conjunto Monumental de Hampi; 1986 Fatehpur Sikri; 1987 Conjunto de Monumentos de Pattadakal; 1987 Grutas Elefanta; 1987 Templo de Brihadisvara em Thanjavur; 1987 Parque Nacional de Sundarbans; 1988 Parque Nacional de Nanda Devi;

(continuação)

Índia	1989 Monumentos Budistas de Sânchî; 1993 Túmulo de Humayun, Deli; 1993 Qutb Minar e seus Monumentos, Deli; 1999 Darjeeling Himalayan Railway; 2002 Conjunto dos templos Mahabodhi em Bodhgaya; 2003 Abrigos rupestres de Bhimbetka; 2004 Parque Arqueológico de Champaner-Pavagadh; 2004 Estação de Chhatrapati Shivaji (antiga Estação Victoria); 2007 Conjunto do Forte Vermelho; 2010 Jantar Mantar; 2012 Ghats ocidentais; 2013 Castros do Rajastão
Indonésia	1991 Parque Nacional de Komodo; 1991 Parque Nacional de Ujung Kulon; 1991 Parque de Borobudur; 1991 Conjunto de Prambanan; 1996 Sítio dos Primeiros Homens de Sangiran; 1999 Parque Nacional de Lorentz; 2004 Patrimônio das Florestas Tropicais Ombrófilas de Sumatra; 2012 Paisagens Culturais da Província de Bali: o sistema Subak como manifestação da filosofia Tri Hita Karana
Irã	1979 Persépolis; 1979 Tchoga Zanbil; 1988 Meidan Emam, Ispahan; 2003 Takht-e Soleyman; 2004 Bam e sua Paisagem Cultural; 2004 Pasárgada; 2005 Soltaniyeh; 2006 Behistun; 2009 Sistema Hidráulico Histórico de Shushtar; 2010 Conjunto Sheikh Safi al-din Khanegah e Templo em Ardabil; 2010 Complexo do Mercado Histórico de Tabriz; 2012 Gonbad-e Qābus; 2012 Masjed-e Jāmé de Isfahan; 2013 Palácio Golestan
Iraque	1985 Hatra; 2003 Ashur (Qal'at Sherqat); 2007 Cidade Arqueológica de Samarra
Irlanda	1993 Conjunto Arqueológico do Vale da Boyne; 1996 Skellig Michael
Islândia	2004 Parque Nacional de Thingvellir (Islândia)
Israel	2001 Masada; 2001 Cidade Antiga de Acre; 2005 Tels Bíblicas – Megiddo, Hazor, Beer Sheba; 2003 Cidade Branca de Tel-Aviv – o Movimento Moderno; 2005 Rota do Incenso – Cidades do Deserto de Neguev; 2012 Sítios da evolução humana em Monte Carmelo: cavernas Nahal Me'arot/Wadi el-Mughara
Itália/Santa Sé	1980 Centro Histórico de Roma, bens da Santa Sé situados nessa Cidade que se beneficiam dos Direitos de Extraterritorialidade e São Paulo Extramuros

(continuação)

Itália	1979 Arte Rupestre do Valcamônica; 1980 Igreja e Convento Dominicano de Santa Maria delle Grazie com "A Ceia" de Leonardo de Vinci; 1982 Centro Histórico de Florença; 1987 Veneza e sua Laguna; 1987 Praça do Duomo, em Pisa; 1990 Centro Histórico de São Gimignano; 1993 I Sassi di Matera; 1994 Cidade de Vicenza e as Vilas de Paladio em Vêneto; 1995 Centro Histórico de Siena; 1995 Centro Histórico de Nápoles; 1995 Crespi d'Adda; 1995 Ferrara, Cidade Renascentista e seu Delta no Rio Pó; 1996 Castel del Monte; 1996 Os trulli de Alberobello; 1996 Monumentos Paleocristãos de Ravenna; 1996 Centro Histórico da Cidade de Pienza; 1997 Palácio Real de Caserte do século XVIII com o Parque, o Aqueduto de Vanvitelli e o Conjunto de São Leucio; 1997 Residência dos Duques de Savoia; 1997 Jardim Botânico (Horto Botânico), Pádua; 1997 Catedral, Torre Cívica et Piazza Grande, Módena; 1997 Zonas Arqueológicas de Pompeia, Herculano e Torre Anunciata; 1997 Cidade Romana de Casale; 1997 Su Nuraxi de Barumini; 1997 Portovenere, Cinque Terra e Ilhas (Palmaria, Tino e Tinetto); 1997 Costa Amalfitana; 1997 Zona Arqueológica de Agrigento; 1998 Zona Arqueológica e a Basílica Patriarcal de Áquila; 1998 Centro Histórico de Urbino; 1998 Parque Nacional do Cilento e do Vale do Diano, com seus Sítios Arqueológicos de Paestum e Velia e o Convento de Pádua; 1999 Vila Adriana (Tivoli); 2000 Isole Eolie (Ilhas Eólias); 2000 Assis, Basílica de São Francisco e outros sítios Franciscanos; 2000 Cidade de Verona; 2001 Vila d'Este, Tivoli; 2002 Cidades do barroco tardio do Val di Noto (Sudeste da Sicília); 2003 Monte San Giorgio; 2003 Sacri Monti do Piemonte e da Lombardia; 2004 Necrópoles etruscas de Cerveteri e Tarquinia; 2004 Vale do Orcia; 2005 Siracusa e a Necrópole Rochosa de Pantalica; 2006 Gênova: as Strade Nuove e o sistema de palácios dos Rolli; 2009 Dolomitas; 2013 Vilas e Jardins de Medici na Toscana; 2013 Monte Etna

(continuação)

Japão	1993 Himeji-jo; 1993 Monumentos Budistas da Região de Horyu-ji; 1993 Yakushima; 1993 Shirakami-Sanchi; 1994 Monumentos Históricos da Kyoto Antiga (cidades de Kyoto, Uji e Otsu); 1995 Cidades Históricas de Shirakawa-go e Gokayama; 1996 Memorial da Paz de Hiroshima (Duomo de Genbaku); 1996 Santuário Shinto de Itsukushima; 1998 Monumentos Históricos de Nara Antiga; 1999 Santuários e Templos de Nikko; 2000 Sítios de Gusuku e Propriedades Relacionadas do Reino de Ryukyu; 2004 Sítios Sagrados e Caminhos de Peregrinação nas Montanhas de Kii; 2005 Shiretoko; 2007 Mina de Prata de Iwami Ginzan e sua Paisagem Cultural; 2013 Monte Fuji, local sagrado e fonte de inspiração artística
Jerusalém	1981 Cidade Antiga de Jerusalém e suas Muralhas (proposta apresentada pela Jordânia)
Jordânia	1985 Petra; 1985 Qusair Amra; 2004 Um er-Rasas (Kastrom Mefa'a)
Kiribati	2010 Área Protegida das Ilhas Phoenix
Laos	1995 Cidade de Luang Prabang; 2001 Vat Phou e Assentamentos Antigos Associados dentro da Paisagem Cultural de Champasak
Letônia	1997 Centro Histórico de Riga
Líbano	1984 Anja; 1984 Baalbek; 1984 Biblos; 1984 Tiro; 1998 Ouadi Qadisha ou Vale Santo e Floresta de Cedros de Deus (Horsh Arz el-Rab)
Líbia (Jamahiriya Árabe)	1982 Sítio Arqueológico de Leptis Magna; 1982 Sítio Arqueológico de Sabratha; 1982 Sítio Arqueológico de Cyrene; 1985 Sítios Rupestres de Tadrart Acacus; 1988 Cidade Antiga de Ghadames
Lituânia	1994 Centro Histórico de Vilnius; 2004 Sítio Arqueológico de Kernavé (Reserva Cultural de Kernavé)
Luxemburgo	1994 Cidade de Luxemburgo: Bairros Antigos e Fortificações
Macedônia	1979 Região Natural, Cultural e Histórica de Ohrid
Madagascar	1990 Reserva Natural Integral do Tsingy de Bemaraha; 2001 Monte Real de Ambohimanga; 2007 Florestas Tropicais de Atsinanana
Malásia	2000 Parque Nacional de Gunung Mulu; 2000 Parque de Kinabalu; 2012 Patrimônio arqueológico do Vale Lenggong
Malaui	1984 Parque Nacional do Lago Malaui; 2006 Arte rupestre de Chongoni

(continuação)

Mali	1988 Cidades Antigas de Djenne; 1988 Tombuctu; 1989 Falésias de Bandiagara (terra do povo Dogô); 2004 Túmulo de Askia
Malta	1980 Cidade de La Valetta; 1980 Templos Megalíticos de Malta; 1980 Hipogeu de Hal Safliéni
Marrocos	1981 Medina de Fez; 1985 Medina de Marrakech; 1987 Ksar de Aït-Ben-Haddou; 1996 Cidade Histórica de Meknés; 1997 Sítio Arqueológico de Volubilis; 1997 Medina de Tétouan (Titawin Antiga); 2001 Medina de Essaouira (antiga Mogador); 2004 Cidade Portuguesa de Mazagan (El Jadida); 2012 Rabat
Mauritânia	1989 Parque Nacional do Banco de Arguin; 1996 Antigos ksour de Ouadane, Chinguetti, Tichitt e Oualata
México	1987 Centro Histórico da Cidade do México e de Xochimilco; 1987 Cidade Pré-Hispânica e Parque Nacional de Palenque; 1987 Cidade Pré-Hispânica de Teotiuacan; 1987 Centro Histórico de Oaxaca e Zona Arqueológica de Monte Alban; 1987 Centro Histórico de Puebla; 1987 Sian Ka'an; 1988 Cidade Histórica de Guanajuato e Minas Adjacentes; 1988 Cidade Pré-Hispânica de Chichen-Itza; 1991 Centro Histórico de Morelia; 1992 El Tajin, Cidade Pré-Hispânica; 1993 Santuário de Baleias de El Vizcaino; 1993 Centro Histórico de Zacatecas; 1993 Pinturas Rupestres da Serra de São Francisco; 1994 Primeiros Mosteiros do Século XVI nas Encostas do Popocatepetl; 1996 Cidade Pré-Colombiana de Uxmal; 1996 Zona de Monumentos Históricos de Querétaro; 1997 Hospital Cabañas, Guadalajara; 1998 Zona Arqueológica de Paquimé, Casas Grandes; 1998 Zona de Monumentos Históricos de Tlacotalpan; 1999 Cidade Histórica Fortificada de Campeche; 1999 Zona de Monumentos Arqueológicos de Xochicalco; 2002 Antiga cidade maia de Calakmul, Campeche; 2003 Missões franciscanas da Sierra Gorda de Querétaro; 2004 Casa-ateliê de Luis Barragán; 2005 Ilhas e Áreas Protegidas do Golfo da Califórnia; 2006 Paisagem de Agave e Antigas Instalações Industriais de Tequila; 2007 Campus Central da Universidade Nacional Autônoma do México; 2010 Caminho Real de Tierra Adentro; 2010 Cavernas Pré-Históricas de Yagul e Mitla no Vale Central de Oaxaca; 2013 Reserva da Biosfera El Pinacate e Grande Deserto de Altar
Moçambique	1991 Ilha de Moçambique
Mongólia	2003 Bacia de Uvs Nuur (Mongólia e Federação Russa); 2004 Paisagem Cultural do Vale do Orkhon

(continuação)

Montenegro	1979 Região Natural, Cultural e Histórica de Kotor; 1980 Parque Nacional Durmitor
Namíbia	2007 Twyfelfontein ou /Ui-//aes; 2013 Mar de Areia (Deserto) da Namíbia
Nepal	1979 Vale de Catmandu; 1979 Parque Nacional de Sagarmatha; 1984 Parque Nacional de Real de Chitwan; 1997 Lumbini, Local de Nascimento de Buda
Nicarágua	2000 Ruínas de León Viejo
Níger	1991 Reservas Naturais de Aïr e do Tenere; 1996 Parque Nacional du W do Niger; 2013 Centro Histórico de Agadez
Nigéria	1999 Paisagem Cultural do Sukur; 2005 Bosque Sagrado de Osun-Osogbo
Noruega	1979 "Stavkirke" de Urnes; 1979 Bairro de Bryggen, na cidade de Bergen; 1980 Cidade Mineira de Røros e a Circunferência; 1985 Sítios de Arte Rupestre de Alta; 2004 Vegaøyan – Arquipélago de Vega; 2005 Fiordes do Oeste Norueguês – Geirangerfjord e Nærøyfjord
Nova Zelândia	1990 Te Wahipounamu – Zona Sudeste da Nova Zelândia; 1990 Parque Nacional de Tongariro; 1998 Ilhas Subantárticas da Nova Zelândia
Omã	1987 Forte de Bahla; 1988 Sítios Arqueológicos de Bat, Al-Khutm e Al-Ayn; 1994 Santuário de Orix Árabe – Removido da lista em 2007; 2000 A Rota do Incenso; 2006 Sistemas de Irrigação alfaj de Omã
Palau	2012 Lagoa sul de Rocky Islands
Palestina	2012 Berço de Jesus: Igreja da Natividade e a Rota de Peregrinação, Belém
Panamá	1980 Fortificações da Costa Caribenha do Panamá: Portobelo, São Lorenzo; 1981 Parque Nacional do Darien; 1997 Distrito Histórico do Panamá e o Salão Bolívar; 2005 Parque Nacional de Coíba e sua Zona Especial de Proteção Marinha
Paquistão	1980 Ruínas Arqueológicas de Moenjo Daro; 1980 Ruínas Budistas de Takht-i-bahi e Vestígios do Sahr i Bahlol; 1980 Taxila; 1981 Forte e Jardins de Shalimar em Lahore; 1981 Monumentos Históricos de Thatta; 1997 Forte de Rohtas

(continuação)

Paraguai	1993 Missões Jesuíticas da Santíssima Trindade do Paraná e Jesus de Tavarangue
Peru	1983 Cidade de Cuzco; 1983 Santuário Histórico de Machu Picchu; 1985 Sítio Arqueológico de Chavín; 1985 Parque Nacional de Huascaran; 1987 Parque Nacional de Manu; 1988 Zona Arqueológica de Chan Chan; 1990 Parque Nacional Rio Abíseo; 1991 Centro Histórico de Lima; 1994 Linhas e Geoglifos de Nasca e dos Pampas de Jumana; 2000 Centro Histórico da Cidade de Arequipa; 2009 Cidade Sagrada de Caral-Supe
Polônia e Ucrânia	2013 Tserkvas de Madeira da Região dos Cárpatos
Polônia	1978 Centro Histórico de Cracóvia; 1978 Jazidas de Sal de Wieliczka; 1979 Campo de Concentração de Auschwitz; 1980 Centro Histórico de Varsóvia; 1992 Cidade Antiga de Zamosc; 1997 Cidade Medieval de Torun; 1997 Castelo da Ordem Teutônica de Malbork; 1999 Kalwaria Zebrzydowska: Conjunto Arquitetônico e Paisagem do Parque de Peregrinação; 2001 Igrejas da Paz em Jawor e Swidnica; 2003 Igrejas de Madeira do Sul da Pequena Polônia; 2006 Salão do Centenário de Wroclaw
Portugal	1983 Centro de Angra do Heroísmo nos Açores; 1983 Mosteiro dos Jerônimos e Torre de Belém em Lisboa; 1983 Mosteiro de Batalha; 1983 Convento de Cristo em Tomar; 1988 Centro Histórico de Évora; 1989 Mosteiro de Alcobaça; 1995 Paisagem Cultural de Sintra; 1996 Centro Histórico do Porto; 1998 Sítios de Arte Rupestre Pré-Histórica do Vale do Côa e Siega Verde; 1999 Floresta de Lauráceas da Ilha da Madeira; 2001 Centro Histórico de Guimarães; 2004 Paisagem vinícola da Ilha do Pico; 2012 Cidade fronteiriça e de guarnição de Elvas e as suas fortificações; 2013 Universidade de Coimbra – Alta e Sofia
Quênia	1997 Parque Nacional de Sibiloi/Ilha Central; 1997 Parque Nacional/Floresta Natural do Monte Kenya; 2001 Cidade Antiga de Lamu
Quirguistão	2009 Montanha Sagrada de Sulamain-Too

(continuação)

Reino Unido	1986 Calçada dos Gigantes e sua Costa; 1986 Catedral e Castelo de Durham; 1986 Desfiladeiro de Ironbridge; 1986 Parque de Studley Royal com as Ruínas da Abadia de Fountains; 1986 Stonehenge, Avebury e Sítios Associados; 1986 Castelos-fortes e Fortificações do Rei Eduardo I no Antigo Principado de Gwynedd; 1986 Ilha de St. Kilda; 1987 Palácio de Blenheim; 1987 Cidade de Bath; 1987 Muro de Adriano; 1987 Palácio de Westminster, Abadia de Westminster e Igreja de Santa Margarida; 1988 Ilha de Henderson; 1988 Torre de Londres; 1988 Catedral, Abadia de São Agostinho e Igreja de São Martin na Cantuária; 1995 Cidade Antiga e Cidade Nova de Edimburgo; 1995 Reserva de Fauna Selvagem da Ilha de Gough; 1997 Marina Greenwich; 1999 Coração Neolítico de Orcadas; 2000 Cidade Histórica de St. George e Fortificações Relacionadas, Bermudas; 2000 Paisagem Industrial de Blaenavon; 2001 Costa de Dorset e East Devon; 2001 Moinhos do Vale de Derwent; 2001 New Lanark; 2001 Saltaire; 2003 Jardins Botânicos Reais de Kew (Reino Unido da Grã-Bretanha e Irlanda do Norte); 2004 Cidade mercantil marítima de Liverpool (Reino Unido da Grã-Bretanha e Irlanda do Norte); 2006 Paisagem mineira da Cornuália e do oeste de Devon (Reino Unido da Grã-Bretanha e Irlanda do Norte); 2009 Aqueduto e Canal de Pontcysyllte
República Centro-Africana	1988 Parque Nacional do Manovo-Gounda St. Floris
República Democrática Popular da Coreia	2004 Conjunto de Tumbas de Koguryo
República Dominicana	1990 Cidade Colonial de Santo Domingo
República Tcheca	1992 Centro de Praga; 1992 Centro Histórico de Cesky Krumlov; 1992 Centro Histórico de Telc; 1994 Igreja de São João de Nepomuceno, Local de Peregrinação em Zelena Hora; 1995 Kutná Hora: centro histórico, cidade, Igreja de Santa Bárbara e Catedral Nossa Senhora de Sedlec; 1996 Paisagem Cultural de Lednice-Valtice; 1998 Jardins e Castelos de Kromerlz; 1998 Reserva da Cidade Histórica de Holašovice; 1999 Castelo de Litomyšl; 2000 Coluna da Santíssima Trindade em Olomouc; 2001 Vila Tugendhat em Brno; 2003 Bairro judeu e Basílica de São Procópio em Třebíč

(continuação)

Romênia	1991 Delta do Danúbio; 1993 Biertan e sua Igreja Fortificada na Transilvânia; 1993 Mosteiro de Horezu; 1993 Igrejas da Moldávia; 1999 Centro Histórico de Sighisoara; 1999 Conjunto de "Igrejas em Madeira de Maramures"; 1999 Fortalezas Dácias dos Montes de Orastia
Saint Kitt-Nevis	1999 Parque Nacional da Fortaleza de Brimstone Hill
Santa Lúcia	2004 Área de Gestão dos Pítons
Santa Sé	1984 Cidade do Vaticano
Senegal	1978 Ilha de Goreia; 1981 Parque Nacional dos Pássaros de Djoudj; 1981 Parque Nacional de Niokolo-Koba; 2000 Ilha de Saint-Louis; 2012 Região de Bassari: paisagens culturais de Bassari, Fula e Bedik
Sérvia	1979 Cidade Antiga de Ras e o Mosteiro de Sopocani; 1988 Mosteiro de Studenica; 2007 Gamzigrad-Romuliana, Palácio de Galério; 2004 Monumentos Medievais do Kosovo
Seychelles	1982 Atol de Aldabra; 1983 Reserva Natural do Vale do Mai
Síria	1979 Cidade Antiga de Damasco; 1980 Sítio de Palmira; 1980 Cidade Antiga de Bosra; 1986 Cidade Antiga de Alep; 2006 Crac des Chevaliers e Fortaleza de Saldino
Sri Lanka	1982 Cidade Santa de Anuradhapura; 1982 Cidade Histórica de Polonnaruva; 1982 Cidade Antiga de Sigiriya; 1988 Reserva Florestal de Sinharaja; 1988 Cidade Sagrada de Kandy; 1988 Cidade Antiga de Galle e suas Fortificações; 1991 Templo de Ouro de Dambulla; 2010 Planalto Central do Sri Lanka
Sudão	2003 Gebel Barkal e sítios da região de Napata
Suécia	1991 Domínio Real de Drottningholm; 1993 Birka e Hovgården; 1993 Forjas de Engelsberg; 1994 Gravuras Rupestres de Tanum; 1994 Skogskyrkogården; 1995 Cidade Hanseática de Visby; 1996 Povoado-Igreja de Gammelstad, Luleå; 1996 Região da Lapônia; 1998 Porto Naval de Karlskrona; 2000 A Costa Alta; 2000 Paisagem Agrícola do sul de Öland; 2001 Área Mineira da Grande Montanha de Cobre em Falun; 2004 Estação de rádio Varberg; 2012 Casas de fazendas decoradas de Hälsingland

(continuação)

Suíça	2009 La Chaux-de-Fonds/Le Locle, cidade fabricante de relógios; 1983 Convento de Saint-Gall; 1983 Convento Beneditino de Saint-Jean-des-Soeurs em Müstair; 1983 Cidade Antiga de Berna; 2000 Três Castelos, Muralhas e Defesas do Burgo de Bellinzone; 2001 Jungfrau-Aletsch-Bietschhorn; 2003 Monte São Giorgio (Suíça); 2007 Lavaux, terraços de vinhedos
Suriname	2000 Reserva Natural do Suriname Central; 2002 Centro histórico de Paramaribo
Tailândia	1991 Santuário de Fauna de Thung Yai-Huai Kha Khaeng; 1991 Cidade Histórica de Sukhothai e Cidades Históricas Associadas; 1991 Cidade Histórica de Ayutthaya e Cidades Históricas Associadas; 1992 Sítio Arqueológico de Ban Chiang; 2005 Complexo Florestal Dong Phayayen-Khao Yai
Tajiquistão	2010 Sarazm; 2013 Parque Nacional de Tajik (Montanhas Pamirs)
Tanzânia	1979 Zona de Conservação de Ngorongoro; 1981 Ruínas de Kilwa Kisiwani e de Songo Mnara; 1981 Parque Nacional de Serengeti; 1982 Reserva de Caça de Selous; 1987 Parque Nacional do Kilimandjaro; 2000 Cidade de Pedra de Zanzibar; 2006 Sítios de arte rupestre de Kondoa
Togo	2004 Koutammakou, a terra dos Batammariba
Tunísia	1979 Anfiteatro de El Jem; 1979 Sítio Arqueológico de Cartago; 1979 Medina de Tunis; 1980 Parque Nacional de Ichkeul; 1985 Cidade Púnica de Kerkouane e sua Necrópole; 1988 Medina de Susse; 1988 Kairuan; 1997 Dougga/Thugga
Turcomenistão	1999 Parque Nacional Histórico e Cultural da "Merv Antiga"; 2005 Kunya-Urgench; 2007 Fortalezas partas de Nisa
Turquia	1985 Zona Histórica de Istambul; 1985 Parque Nacional de Göreme e Sítios Rupestres de Capadócia; 1985 Grande Mesquita e Hospital de Divrigi; 1986 Hattusa; 1987 Nemrut Dag; 1988 Xantos-Letoon; 1988 Hierapolis-Pamukkale; 1994 Cidade de Safranbolu; 1998 Sítio Arqueológico de Troia; 2012 Sítio neolítico de Çatalhöyük
Ucrânia	1990 Kiev: Catedral de Santa Sofia, Conjunto de Edificações Monásticas e Mosteiro de Kievo-Petchersk; 1998 Lviv — Conjunto do Centro Histórico; 2013 Cidade Antiga de Táurida e sua Cora

(conclusão)

Uganda	1994 Floresta Impenetrável de Bwindi; 1994 MontesRwenzori; 2001 Túmulos dos Reis Buganda em Kasubi
Uruguai	1995 Bairro Histórico da Cidade de Colônia do Sacramento
Uzbequistão	1990 Itchan Kala; 1993 Centro Histórico de Bukhara; 2000 Centro Histórico de Shakhrisyabz; 2001 Samarcanda – Encruzilhadas de Culturas
Venezuela	1993 Coro e seu Porto; 1994 Parque Nacional Canaíma; 2000 Cidade Universitária de Caracas
Vietnã	1993 Conjunto dos Monumentos de Hué; 1994 Baia de Ha Long (inclusão de um critério adicional para inscrição; 2000); 1999 Cidade Antiga de Hoi An; 1999 Santuário de Mi-son; 1994, 2003 Parque Nacional de Phong Nha-Ke Bang; 2010 Cidadela Imperial de Thang Lon – Hanói
Zâmbia e Zimbabwe	1989 Mosi-oa-Tunya/Cataratas Victoria
Zimbabwe	1984 Parque Nacional de Mana Pools, Zona de Safari Sapi e Chewore; 1986 Monumento Nacional du Grande Zimbabwe; 1986 Ruínas de Khami; 2003 Montes Matobo

Fonte: Adaptado de UNESCO – Organização das Nações Unidas para a Educação, a Ciência e a Cultura. **Lista do patrimônio mundial (World Heritage List Statistics).** Disponível em: <http://whc.unesco.org/en/list/stat#s1>. Acesso em: 25 nov. 2014.

ANEXO 2

Quadro 3.1 – Divisão mundial da Unesco

Regiões	Países	
África	África do Sul	Guiné
	Angola	Guiné Equatorial
	Benin	Guiné-Bissau
	Botsuana	Lesoto
	Burquina Faso	Libéria
	Burundi	Madagascar
	Cabo Verde	Malaui
	Camarões	Mali
	Chade	Maurício
	Comores	Moçambique
	Congo	Namíbia
	Costa do Marfim	Níger
	Djibuti	Nigéria
	Eritreia	Quênia
	Etiópia	República Centro-Africana
	Gabão	
	Gâmbia	República Democrática do Congo
	Gana	Ruanda

(continua)

(Quadro 3.1 – continuação)

Regiões	Países	
	São Tomé e Príncipe	Tanzânia
	Senegal	Togo
	Serra Leoa	Uganda
	Seychelles	Zâmbia
	Suazilândia	Zimbábue
América Latina e Caribe	Antígua e Barbuda	Haiti
	Argentina	Honduras
	Barbados	Jamaica
	Belize	México
	Bolívia	Nicarágua
	Brasil	Panamá
	Chile	Paraguai
	Colômbia	Peru
	Costa Rica	República Dominicana
	Cuba	Santa Lúcia
	Dominica	São Cristóvão e Névis
	El Salvador	São Vicente e Granadinas
	Equador	Suriname
	Granada	Trinidad e Tobago
	Guatemala	Uruguai
	Guiana	Venezuela

(Quadro 3.1 – continuação)

Regiões	Países	
Ásia e Pacífico	Afeganistão	Coreia do Norte
	Austrália	Coreia do Sul
	Bangladesh	Fiji
	Brunei Darussalam	Filipinas
	Butão	Ilhas Cook
	Camboja	Ilhas Marshall
	Cazaquistão	Ilhas Salomão
	China	Índia
	Indonésia	Papua Nova Guiné
	Irã	Paquistão
	Japão	Quirguistão
	Kiribati	Samoa
	Laos	Singapura
	Malásia	Sri Lanka
	Maldivas	Tadjiquistão
	Mianmar	Tailândia
	Micronésia	Tonga
	Mongólia	Turcomenistão
	Nepal	Uzbequistão
	Niue	Vanuatu
	Nova Zelândia	Vietnã
	Palau	

(Quadro 3.1 – continuação)

Regiões	Países	
Europa e América do Norte	Albânia	Irlanda
	Alemanha	Islândia
	Andorra	Israel
	Armênia	Itália
	Áustria	Letônia
	Azerbaijão	Lituânia
	Belarus	Luxemburgo
	Bélgica	Macedônia
	Bósnia-Herzegovina	Malta
	Bulgária	Moldávia
	Canadá	Mônaco
	Chipre	Montenegro
	Croácia	Noruega
	Dinamarca	Polônia
	Eslováquia	Portugal
	Eslovênia	Reino Unido
	Espanha	República Tcheca
	Estados Unidos	Romênia
	Estônia	Rússia
	Finlândia	San Marino
	França	Sérvia
	Geórgia	Suécia
	Grécia	Suíça
	Holanda	Turquia
	Hungria	Ucrânia
		Vaticano

(Quadro 3.1 – conclusão)

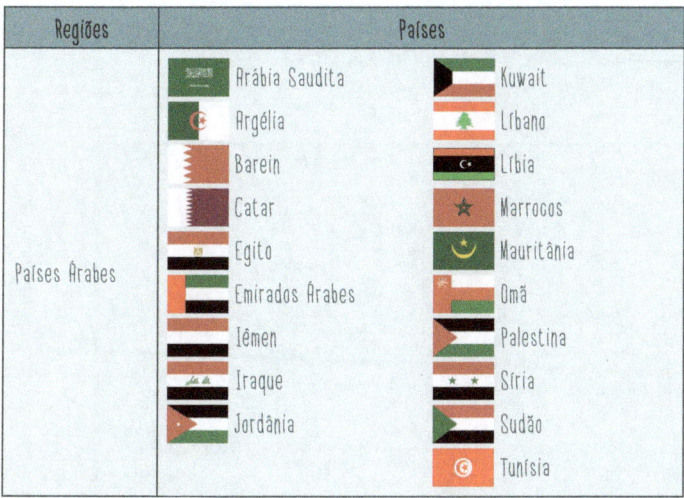

Regiões	Países	
Países Árabes	Arábia Saudita	Kuwait
	Argélia	Líbano
	Barein	Líbia
	Catar	Marrocos
	Egito	Mauritânia
	Emirados Árabes	Omã
	Iêmen	Palestina
	Iraque	Síria
	Jordânia	Sudão
		Tunísia

Fonte: Adaptado de UNESCO – Organização das Nações Unidas para a Educação, a Ciência e a Cultura. **Divisão mundial da Unesco**. Disponível em: <http://whc.unesco.org/en/statesparties>. Acesso em: 25 nov. 2014.

ANEXO 3

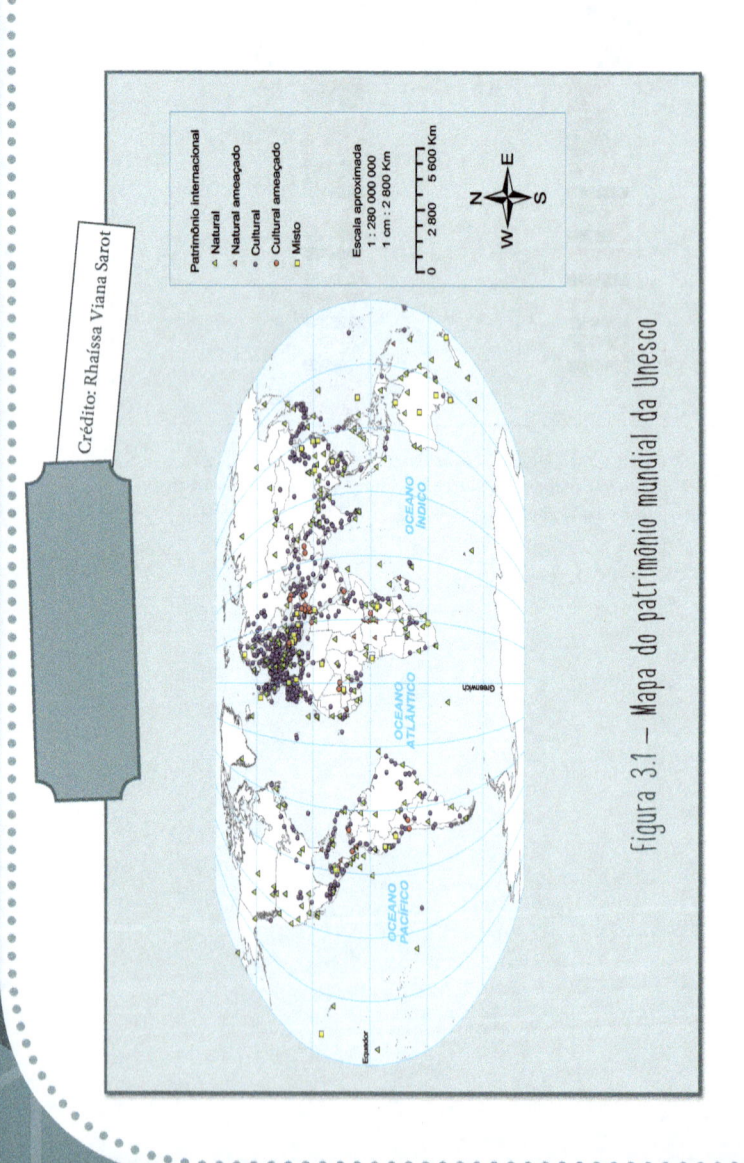

Crédito: Rhaíssa Viana Sarot

Figura 3.1 – Mapa do patrimônio mundial da Unesco

Fonte: UNESCO – Organização das Nações Unidas para a Educação, a Ciência e a Cultura. **Mapa do patrimônio mundial da Unesco.** Disponível em: <http://whc.unesco.org/en/list>. Acesso em: 25 nov. 2014.

SOBRE OS AUTORES

Carlos Eduardo Silveira é turismólogo, graduado e especialista pela Universidade do Vale do Itajaí (Univali). É mestre em Turismo em Países em Desenvolvimento pela Universidade de Strathclyde/Escócia, título reconhecido no Brasil pela Universidade de São Paulo (USP), e doutor em Desenvolvimento Sustentável do Turismo pela Universidade de Málaga/Espanha, título reconhecido no Brasil pela Universidade Federal do Paraná (UFPR). É professor da Universidade Federal dos Vales do Jequitinhonha e Mucuri (UFVJM), atuando no curso de bacharelado em Turismo e no mestrado profissional em Ciências Humanas.

Juliana Medaglia é turismóloga graduada pela Universidade Anhembi Morumbi (UAM), especialista em Marketing Empresarial pela Universidade Federal de Santa Catarina (UFSC) e mestra em Comunicação em Turismo pela Universidade de Málaga/Espanha, título reconhecido no Brasil pela Universidade Federal da Bahia (UFBA). É doutoranda em Ciência da Informação pela Universidade Federal de Minas Gerais (UFMG) e atua como professora da graduação em Turismo da Universidade Federal dos Vales do Jequitinhonha e Mucuri (UFVJM).

Os papéis utilizados neste livro, certificados por instituições ambientais competentes, são recicláveis, provenientes de fontes renováveis e, portanto, um meio **respons**ável e natural de informação e conhecimento.

FSC
www.fsc.org
MISTO
Papel produzido a partir de fontes responsáveis
FSC® C103535

Impressão: REPROSET
Novembro/2021